阮宇明／著

明言

Collected works by Jimmy

思维运行于被内心觉知的外在的客观物质世界，内心的觉知力越大，相应地思维所能找到的客观物质世界也大，反之亦然。

Billson International Ltd.

Published by
Billson International Ltd
27 Old Gloucester Street
London
WC1N 3AX
Tel:(852)95619525

Website:www.billson.cn
E-mail address:cs@billson.cn

First published 2023

Produced by Billson International Ltd
CDPF/01

ISBN 978-1-80377-055-0

©Hebei Zhongban Culture Development Co.,Ltd All rights reserved.

The original content within this product remains the property of Hebei Zhongban Culture Development Co.,Ltd, and cannot be reproduced without prior permission. Updates and derivative works of the original content remain the property of Hebei Zhongban. and are provided by Hebei Zhongban Culture Development Co.,Ltd.

The authors and publisher have made every attempt to ensure that the information contained in this book is complete, accurate and true at the time of printing. You are invited to provide feedback of any errors, omissions and suggestions for improvement.

Every attempt has been made to acknowledge copyright. However, should any infringement have occurred, the publisher invites copyright owners to contact the address below.

Hebei Zhongban Culture Development Co.,Ltd
Wanda Office Building B, 215 Jianhua South Street, Yuhua District, Shijiazhuang City, Hebei province, 2207

Jimmy个人简介

阮宇明（Jimmy），1965年生于广东中山，澳大利亚铁艺设计师，澳大利亚朗亚铁艺loyalIron公司、澳大利亚EuroIron铁艺设计公司、中国澳三铁艺公司创始人，澳大利亚沙特已故国王AL-FAISAL名下院校及寺院指定唯一的铁艺装饰设计师。多年来专注于觉性科学研究，著有生命哲学感悟文学作品《明言》。

Jimmy从小对美学及设计有着浓厚的兴趣，青年时期的澳大利亚留学经历增长了Jimmy对铁艺与豪宅别墅的设计见识，后创立澳大利亚朗亚铁艺公司loyalIron。

在澳大利亚的生活当中，Jimmy发现铁艺不应该只是产品的销售服务，而是豪宅工程的美学设计服务。他2006年于澳大利亚悉尼创立EuroIron铁艺设计公司，将铁艺从产品服务提升为设计服务，并获得来自世界各地的认可，至今已设计别墅铁艺作品2000余家。这些作品的服务对象来自世界各地、不同身份、不同品味的人群。改变了悉尼上层社会对中国铁艺的看法，建立并完善铁艺远程服务体系，形成了铁艺设计从现场勘测—设计—生产—安装—售后的完整系统。

同时，Jimmy发现澳大利亚的气候因素对铁艺的影响比国内更加严重，紫外线强及悉尼靠近海岸的原因使得铁艺的油漆及工艺需要更高标准，他于2008年对铁艺油漆及工艺进行改善，使得这之后他的铁艺产品不再被受油漆问题困扰。

2006年起，澳大利亚沙特已故国王AL-FAISAL名下院校与寺院指定Jimmy为其唯一铁艺装饰设计师，着手设计，作品更获得澳大利亚上层社会认可。

2008年创立中国澳三铁艺公司，作为澳大利亚EuroIron公司的生产基地。2018年，发明铁艺窗户专利，此专利让铁艺窗户同时具备多功能及更人性化的安全功能。内置防蚊凹槽及透气防盗隔温断热功能，专利号：20182073140.2。

Jimmy更将几十年的心得体会及生活经历著作为文学作品《明言》，明言书籍中记载着Jimmy对于生命价值及哲学思考的个人见解，Jimmy更将《明言》所著当中的哲学思维融入到铁艺设计理念当中。

个人文学作品：《明言》

目 录

【道 论】

富　有　　/ 02

思　想　　/ 05

人与事　　/ 13

愿　意　　/ 18

抉　择　　/ 20

不公平　　/ 27

明与暗　　/ 33

经营者　　/ 37

压　力　　/ 41

合　力　　/ 45

利益与观念　　/ 50

情　绪　／ 54

致HELLEN　／ 57

静　心　／ 63

断　念　／ 64

意　／ 68

断　识　／ 70

断情断欲　／ 72

通　断　／ 78

梦——念头　／ 81

眼耳口　／ 86

心　／ 88

我　／ 90

信仰——祈求　／ 94

人与人　／ 99

人与草木　／ 104

面　具　／ 106

"让死人埋葬死人"　／ 107

花　圈　／ 109

鲜花之意　／ 111

信　／ 113

无　明　／ 117

苦　／ 121

力　行　　／ 124

庄　园　　／ 126

死　河　　／ 128

是非之地　／ 129

所知量　　／ 130

心小德大　／ 135

无　明　　／ 137

杀　恶　　／ 138

修　真　　／ 139

得　失　　／ 140

小门牙　　／ 141

数　理　　／ 142

邻　居　　／ 144

果　实　　／ 146

信　仰　　／ 147

价　值　　／ 148

善恶之变　／ 149

企业组织　／ 151

空　间　　／ 153

受　动　　／ 156

妄　心　　／ 157

球　星　　／ 158

好"生"不如好"死" / 160

小老鼠 / 161

小漩涡 / 162

失 落 / 163

英勇牺牲易 从容就义难 / 165

色 空 / 166

行 经 / 167

欲 困 / 170

道 德 / 171

天 悲 / 172

画音妙语 / 173

缘 / 175

明镜台 / 176

色 / 178

万法唯识 识外无境 / 179

能 空 / 184

神 佛 / 186

正 知 / 187

修 持 / 190

苹 果 / 191

能 忍 / 192

素荤之…… / 193

善　爱　　　／ 194

神　通　　　／ 196

念　功　　　／ 197

功　相　　　／ 199

觉　知　　　／ 201

执　着　　　／ 203

苦源病根　　／ 205

静心之本　　／ 207

如何静心？　／ 208

灵性体　　　／ 210

透与动　　　／ 211

论　命　　　／ 212

五　行　　　／ 213

【商　论】

买易卖难　　／ 216

"需"与"求"　／ 218

品　味　　　／ 219

观念与习性　／ 220

品牌与形象　／ 224

意识、层面　　／227

　诚　信　　／228

理智与习性　　／233

　注意力　　／235

　竞　争　　／238

【健康论】

　世　界　　／250

头高在上　　／252

　涎　水　　／254

　草　鞋　　／255

脚小在下　　／257

　血　液　　／258

　水　气　　／261

日出日落　　／263

　风　邪　　／265

　生　气　　／267

自然保护区　　／269

　熟　食　　／275

　肉　体　　／278

注意力　　/ 281

心息相依　/ 288

辟　谷　　/ 289

上药不药　/ 291

灵魂真体　/ 293

一　念　　/ 296

欲　幻　　/ 297

体　热　　/ 298

呼　吸　　/ 299

洗　头　　/ 300

【黑寒论】

时　间　　/ 303

重　量　　/ 311

动　静　　/ 313

黑寒空　　/ 316

【工巧论】

观脚点——角度　　/ 319

　　眼　位　/ 321

　　空　间　/ 322

　　投　影　/ 322

　　环　境　/ 323

　　平　衡　/ 323

　　构　图　/ 324

脚性、眼好　　/ 327

　　设　计　/ 332

　　楼　梯　/ 337

　　大　门　/ 339

道 论

富　有

　　钱财多，而为富，常人之见。真正富者，只是通过某种法定的程序，将钱财汇聚其名下。一个人，钱财再多，他可享用的亦不过乎，一日三餐，几件衣服，一张睡床。生意之中，投资项目众多者，比比皆是。资金常常是游戏中的筹码，只是这些筹码，不仅常常使我们自己感到非常富有，再者旁人亦感如是。某人从来未真正享用过这些钱财他却能活在富有里。他那从心里升腾而出由信心支撑起来的富有气质，油然而生，使他摆出一副富架子。

　　有一天，他的那些筹码突然消失，他在瞬间便成为一个不再有筹码的人，那些筹码被从他的名下改记在他人名下。他同样是一日三餐，不多也不少。只是，他已不再是富人，而是穷人。他的心态，由于失了筹码的支撑，失去了感觉可寄托的信心，而变得灰暗。

　　这样精神与专注，所托变位，使他一蹶不振，使他成为一个真正的穷人。

　　记忆中筹码的变位，竟然是穷人与富人的变位。此者何也？真正支撑人的，是钱财吗？可是其人的财富，从来都只是记忆中的财富。他从来所享受到的，只是自以为是的富有与他人赞说他的富有，他只是享受着那种使他想起来富有的感觉。

　　由此可见，真正支撑人的不是钱财，而是由此引发可被依靠

的信心与希望。

统治社会的是文化传统与道德观念，思想观念常常是建立在文化与道德的基础上。因此，要改变一个人、一群人，甚至一个社会，首先要从思想观念上行事。只是在此前，则要按周围民众的思想观念行事，此所谓"入乡随俗"。

一般而言，尊严、名誉、地位、物质、智慧、情爱、愿望等这些东西，在现代的文化与道德观念里，使人们在感觉上具有保障与安全，而钱财在一定程度上，可使人们满足到对尊严、名誉、地位、物质等的追求。世俗之上，失去这些追求，人生便好像失去意义，人会变得低落，对生活没有信心，人们将失去精神面貌。可见，钱财里，充满有钱财以外的东西。它常常使欲望得以成就，使人生意义充实富有。

享受钱财的人，实际上是享受着钱财所带来的富有的感觉，与由此所生出的信心。富有钱财的人，在潜意识里都充满着富有的想象。这些想象在感觉上，使他不断充满富有的感觉。富有的感觉，同时又不断加强着富有的想象。想象与感觉富有，于是在身体上演化成一股力量与心力交织为一体。（向外它是一种气质）而在身体上，它显示为一种向上的心力——信心。

追求财富的可贵，不是财富，而是财富所引发起向上的心力——信心。追求财富的美好，不是财富，而是在于它在一定程度上使信心得以成就。

使人富贵的，不是钱财，是信心——身体内有一股不断上腾、心力所化的力量，才真正叫富有。

虛幻不实的形象占進思想意识的時間長了，便會成為大脑的思維與影像，使本來的虛幻不实，变得真实。

思　想

　　人之被造，与路边的小草，山间的树木一样，都来得无缘无故。没有规律可循，没有理由可道。无拘无束而来，自然而然而去。

　　我们就这样，在不知不觉中成长。这成长的过程给予我们很多知识与经验，使我们在眼耳可及的范围内，时常觉得自己神高神大，无所不能。

　　我们满载着前人的知识与经验，只是我们都遗忘了一件事：我们从来都只是被教育，被灌施的对象！

　　我们从小就仿效周围长辈们的言行举止，继而要遵守他们的教导与规矩，以强化那些规规矩矩，道道德德。

　　那些规矩道德，是长辈们套在我们身上，为人处事的模式。我们在这些模式中求学成长就像是被什么绑架着，去行长辈们较喜欢的一切。读书成绩的高低，操行的好坏，都只取决于周围长辈的认同与否。我们在被认同的模式里成长，自然成为长辈的模式。

　　这样，我们之所思所言，几乎全部是从记忆里拿来，被教被灌施的资料。遗憾的是，我们往往用那些被灌施而记忆下来的道理去衡量周围事物的好坏与对错，批评是非曲直，而自以为是。

　　我们人类穷尽五千年文化之历程，不能透彻知道一粒沙，一

滴水的功用。那么确切地，我们对于上天所造就的一切又能了解知道多少呢？

书本所能记载的，最多亦只不过其中之毫厘。可怜我们都喜欢，从小书堆里爬出来，论断天地人间之是非曲直。

这是何等的自傲、自闭、自欺！

知识、经验是记忆的结果，智慧之变通，使之揉合，而得成大脑思维之体系。这个思维体系就是我们的思想世界，它的根本是记忆所复印的资料。这些杂混无章的资料，在大脑智慧变通的作用整理下，揉合而一，而得以按一定的系统在大脑思想世界再现。 但是无论如何，大脑整理之所得，皆无出记忆之内。因此，我们的见解，我们的思想世界，是常常跑不出知识与经验。

我们一生从年少到年老，每遇到问题都靠用思想去解决。思想是如此的富有智慧，我们甚至无法找到有比思想更高能的东西，致使我们认为人生只是运筹在思想与身体之间。**当我们懂得用道理去辨别是非，我们的思维模式开始形成，那是思想世界观的形成。思想开始成为我们生活的中心，生活从此运行在思想世界里。** 这样，思想自然而然地主宰着我们的生活，于是我们有怎样的思想世界，就有怎样的人生，显然人生路却是思想主宰身体所行的路。所以，有常听说人能胜天的事。只是人生于天地之间，尽享天造地设之果实，而幸得存其体。遇天赐智慧之德，而幸能知事辨物，这又何来人大过天？

每天我们都要思想很多问题，对于绝大多数人，这些思想都是在高高在上的大脑里发生的。

当我们问自己我在想什么时，我们是对着自己的大脑发问的，问题在大脑里涌现出来，而不是在肚子里。

随意而行的思想，犹如风吹草动之举，我们不会感觉到大脑在想什么。只是当我们聚精会神，思考的时间长了，大脑才会感到沉重。此时，只要轻轻地闭上眼睛，用心感受，沉重的大脑会清楚告诉我们，思想只发生在大脑里，它与身体的其他部分是分开的，身体从来不会有思考发生。它只是平静、温顺地等待思想的号令，再去履行其作为工具的职责。

表面上，社会是由人构成的，只是社会结构的真体不是人本身，而是人的思想。**主意计划是思想用知识与经验制造的，实行这些主意计划是为了满足思想。思想指挥着身体这个工具，到处执行其意旨。于是形成了纵横交错、错综复杂的社会，贯穿其中的就是思想本身。**

可见，社会的存在模式，是人的思维模式。在那里，思想是最高统治者，它操纵着一个极大的是非之地。

思想是主观虚无的，自然社会的体系亦是虚无的，我们的思想所追求的一切物质都是虚无的。在那里，我们活在荣耀、得失、尊贵、财富、地位这些虚有之中，用虚无去捉弄另一个虚无。

当主观、虚无的思想主宰着一切，客观真实便不再是客观真实。这样，我们常常都自以为是地只活在思想自造的世界里。

这样，我们的所作所为，确实与客观世界背道而驰。活着，只求客观世界满足自我思想感受的人，会认识客观世界吗？

我们活在丰盛的物质社会里，物质对我们的重要，实际上是反映体现着物质在思想中的重要。我们将精神，思想倾注在物质上，物质是被用以满足思想的要求与感受，而思想不是用以满足物质。

这不就是罪吗？

知识与经验的积累会使人有主见，那是思想当家了。于是思想中的一切，自然变成了衡量裁定思想以外一切的标准。因此，无论何时何地，我们都只是以思想中"我"为主，去取舍一切，这个"我"甚至有凌驾客观真实裁定万物"生死"的权力。

我们对禽兽的感觉从来就不是很好，我们对一些较粗暴、下流的行为常喻为"禽兽不如""兽行"等等。

我对此感到非常有趣，因为我始终无法找到人的粗暴、下流与飞禽走兽之间的任何牵连。

对于一个持刀杀人犯，我无法理解他凶残的"兽行"，无论从哪一个角度去看，我见到的都只是他那凶残的"人性"。

"野兽粗暴无情，凶残成性"，这是我们从小就学会的知识。只是对于绝大多数现代人而言，我想他们都没有机会得到这种经验。粗暴的野兽早已被有知识教养的文明人赶尽杀绝，幸免者都被护养在动物公园或保护区里，作为稀有动物，供我们这些文明人观赏。

对此，我无法想象野兽的粗暴无情。"兽性"发作只不过伤害一人一兽，"人性"发作即是血流成河、尸积如山的人杀人的战争。偶然的野兽伤人，被视之为凶残，电视、书报等通报全国，骇人听闻。**我们常常坐在堆满猪牛羊等动物尸骸的餐台旁，收听那骇人听闻的新闻，嘴里装满着充满腥味的牛肉，指说那野兽的凶残……**

人生在世，生命为大，只是在我们的思想世界里，却充满有"该生"与"该死"的事，并以此操纵着生杀权柄。

某人杀了人，致成死罪。法庭"杀人"却理所应当。世道之上竟当真有比生命更重要，更大的理由！

两人打斗而亡，警察刑事部门，追究责任，裁定罪名。两国相争，尸横遍野，无罪可定。

少数人，反对多数人，多数人的团体就定他们的罪状。此为少数服从多数之理所当然。

无论是两国相争也好，两人相斗也好，两派相搏也好，其中作怪的都只是人的思想。

如果两者都有敌意，互不相让。这种思想状态下的结果，只有敌对到底。要是他们两者都以为事不相干，和平友爱生命为大，而彼此相容如亲朋挚爱。这种思想状态下的结果永远也只是和平美好。

天地视人为沙埃，宇宙视天地为尘埃。在我们的生存国度里我们无法找到善恶。山河天地之上，天空之中，阳光水里，树木丛林之内，动物群体之间，整个客观都无善无恶。只有微小到尘埃的人类才有善恶，更确切点，他只存在于缥缈虚无的大脑思维细胞之内。

天然所造就的一切都是绝对完美，完美就是完美，在完美之中，我们无法找到缺陷。

真实就是真实，在真实之中我们无法找到虚假；在阳光中我们无法找到黑暗，在水中找到的只有水。所以山河是山河，阳光是阳光，树木总是树木。

可见，事物无善恶，客观真实所充满的都是事物，人体实为"事物"之体。它无善无恶。

显然，世间之有是非，非在人间，而在思想世界之间，所有的是非争斗，该为满足思想世界之感受而存在。没有思想世界之区分善恶，世间罪恶，何来立足之地？

思想是主观虚无的，它仅可被自知，但不可名状，更不可被触摸。思想不仅仅是思想，它常常更是个疯子。它充满幻象，如雾似烟，又如天上行云，虚无缥缈，追不上，留不下。所以，不要执着于思想幻象，让它随风而逝、今天的事属于今天的，明天又是新的开始！

人与事

阳光之下，事无大小。山呼海啸，电闪雷鸣，小鸟翔空，蚂蚁迁移，以至人人相搏，如心不在乎，一切事事，皆不为事。

人人之事，不过乎衣食住行，名成利就，所有事都不在山河大地之上，只都在人心上。 事者心力所造，事之大小，取决于心态的动向。无心则无事，有心则万事俱备。故心事及真事。所谓成事，实为成就心事。

心事者不过乎情欲之事！

常人做事，讲求合情合理，此乃情理相用。理是要据情，以示公正；情多不用理，以示情义。情理之生，是观念之所以成。

观念是知识、经验与习性之揉合。其中知识是理，经验与习性是物，是景又是情。故观念中有情，又有超乎情之习性，它充满有理性，只是其中的经验却充满有情性。观念居之日久，则又生言行举止之习性。平静是理之所以行，奈何情绪一生，理序渐失。

常人做事，据理力争，而情绪之物，不点自燃。受情绪之困，用情争搏，自以为行之于理，争之越猛，火之越旺，理智尽失，忘乎所以。言语沟通，依理依据，无有不合；只是理中寄情，又或情中用理，而情理之间常常互不相融，以致言语沟通不易通达。理是绝情，情是绝理。理到尽头，生绝路，故有理不能尽其用，有锋不能尽其利，方有回转之地，用情太过，其理失序。情理相融,互用互补,方能圆事。

常人言辩,据理力争,情绪激动,只知其理而忘乎其情态;知理不知情,来得个伤心断肠,而茫然不知其所以。

人人之间,情理之内,事有两种:可说与不可说。可说之事,自然可大行其道;不可说之事,则不然,破之则生抱怨,大事不妙。

人为情物,理之所以能大行其道,公然约世,只因情者之情所及有限,不过乎家族、朋友。此外,理之所行为主、为导。人人之间以理相通、相约;亲友以外,有理无情;亲友之内有情有理。为官之人,要知其中人情世故之妙,而后能有方有法治世导人。治家,以情为主理为导;治国,以理为大情为导。情近生亲,亲情之域,至亲不亲,至爱不爱,此中不受事理。故亲友之间,大理不行,小理行,理行则生其害。治家不容国术,治国不行家经。故可治家不一定能治国,可治国不一定能治家。

用情有深浅之分,大小之别;用理有观念之分,主观理念与客观理念之别;常人之言行举止,以情为主为大,以理为辅为导,再之情理双用,以立身处世。人人之事,不过乎合情合理。万事万物之生,存乎其理,用情太过则绝理,用理太过则绝情。绝情绝理,则无事不生,无祸不行。

因书本而来的主观理念,与经感官而来的客观理念,言语之上无不一致,而实则,其间具天渊之别。主观理念中,思维多为空白的文字条理；客观理念中，思维满载有景、有物、有事理，甚至有情有义。言语可表达的只是言语，它以条理出现。富有景、物、理、情的思维，言语只能表达其中之理，其中的景、物、情则无能为力。

故不同之人，相同之术语，涵养不同、经历不同、智慧不同，其寓意不同。旁人以一己之见，定他人之观，小人之见也。

常人处事，具在情中，可见理不见情。情在内，理在外，情者用情不知情，用理则无处不理，只是理为情用而不知，故此，理者实则情之体用，唯情者只知其理，忘乎其中之情用。

此为人情世故之多变，世间之多事！

欲在内里，想（思维）在外里；想（思维）常是欲的体用，而欲从不会为想（思维）所用。常人之中，想欲不分，欲是想，想是欲。思维所引起的言行举止，之所以能体现心事，是思维活动本身在受欲的驱使。

平静是理念思维之所以行，只是欲生，思维顿失自主，而只能行于欲中，可见问题之生，不在于思维，而在欲。

欲现于念，为欲念；现于物，为物欲；现于情，为情欲；现于色，为性欲；现于食，为食欲。欲居内而外求，外求而内损，而欲者不自知。欲者多忘乎其欲，而置事于理。常人因欲生事，归究于理，而不知理为欲所用，欲念满天不为据，凡事**据理力争，为欲不为理，据理者，欲也！**

知識的多寡，狹雜在物質、情感、性別、名譽、地位、權利、與特定的地理環境里，使人們的思想意識，在不同環境的作用下，分化出不同層面的思想意識，再而有不同的風氣品味，這樣知識經驗與感知層面的不同，造就出不同層面的人與人的溝通，形成不同層面的人，與不同層面的人際關係。

故对人对事，不能见理见事，不见欲。

欲居内，物在外；欲施于物，至得物或转念而止。可物实非欲所得，欲者自以为得。如欲得物，欲与物必融为一体。人喝水而得水，人水一体也。可见欲所求者，妄为也，故佛家言断欲，而断妄思妄为。

要能断欲，必先知欲；知欲如知言行，知言行而后能言之有理，行之有道，再而改理变道。知欲而后能操控欲力，不至于堕落欲中，而茫然不知。欲已不分者，欲是我，我则为欲。此中者，行为做事，不知所为。

欲者，常只知言行理序，而不觉其内欲力之鼓动，以致言行理序为欲所困用，活在欲困之中。

愿 意

为生意者，人也。治人者，心也。心之所载，多为情利之欲，顺应情利之欲，善用诱导之术，生意之上，时逢天时地利，多有所成。善攻者，攻心。善事者，行势。势之所载，人心之所向。善乐者，从天。天者养育生命智慧之根本。成大业者，"运"转于天地之间，合天时，地利，人和之功，"得天独厚"。得生命之真谛者，德才备于九天之上，"十生有幸"。

心有喜怒哀乐，人有悲欢离合。人若不受喜怒哀乐之困，反观"喜怒哀乐"局中之人，则如见"儿戏"之事。喜怒哀乐之事，乃情利之欲，运转于人人之间，得失利弊的表现。观察此中的因由，而能不受情利之困，做到生在情利之中，同时，又活在情利之外。此乃生命真谛之大成者，古之圣人也。

常人若能从情利之欲中警醒，巧用推动情利心门之术，他人之心，可轻易被役。就算是千军万马，亦能操纵自如。善用此术者，古之诸葛亮孔明是也。

成大业者，需具备超越人间情利之欲的愿力。有宏大、丰厚的愿力，而后有非凡的气魄。有气魄，而后有势。心胸广阔，而后能装广大之事，广大之事满载有无穷之小事，只是广大之中，难以见其中之小，故有"成大业者，不拘小节"之说。

有"愿"而后生"意"，"愿"是"意"的土壤，是心地的基准。心中富有"心愿"而才有"心意"。所以行为做事，不能违愿。常违愿者，心生不和之气，心气散乱不稳，气魄不定，神气之势锐减。势小而生"气"小，"气"小自然无"量"，无"气量"者，心胸仅装小恩小惠之事。

故人生之大，心愿至上。人生之事，不论是生死之状，终身大事，还是家常小事，都不过乎"愿意"与否。

"愿意"者，心愿的意向！

愿大则意大，愿小则意小。愿大而有气度，气度强而能有力势，有力势而能"勇"进，逢事必势如破竹。这样，信心随之倍增，再加之恒心与毅力并进，人世之间，无事不办。

抉　择

大志者，欲行，事成，以满欲望。

大愿者，心行，事成，以了心愿。

欲望大，野心大，目标性强，欲力强，行事进取心之强，不言而喻。意欲之外，在不同时间与空间，接受不同因素，在不同层面的碰撞，以致生出无穷事端。要求有种种抉择。欲望的成就者，在他的事业旅程上，将面临的首当其冲者，就是这些抉择。经商买卖之中，经营管理的难度、深度与关键所在，亦莫过于此。经营者在其日常的动作之中，往往是漫不经心，又或是深思熟虑地做出种种抉择。这好比棋手对垒，常常是一举不慎，满盘皆输。

对于经营者本身，所有的决策几乎都是最适宜的，他们往往要面对以后无尽由此而引起的问题与损失，才会知道当初"决策"的问题。这可能是一年、二年或更长一段时间之后的事。当初的决策总是最适宜的，只是这个"最适宜"，常常是个人或几个人的性情气度、利益轻重、道德观念、思想意志、能力与知识经验等因素集合的结果，对于以后由于时间与空间位置的变动而引起无常的变数，决策者往往是一无所知。

经营企业那是在做事，是人在做事。此中，人是个常数，事是无常的变数。基本上，人每天都是一样的，事却可以是每天不一样。人对事有周全通透的能力，那么无论事如何变化，总是事顺事成。无论是能力多高的人，只要其注意力偏重于一方，那么其他方面就常常忽视。

由于情感，情绪，习性与先入为主等因素的影响，经营者的抉择往往都是不断重复着同样的不理智的错误。实际上，在他那里，他是非常理智的，只是他走不出自己而已。因为，他的所思所行对自己本身都是对的。

背信弃义与不道德者，往往是要使他自己感到愧疚，才能使他自己从罪过中摆脱出来。那是要从感觉上使他知错，而不只是从思想上使他知错。知错则能改、不知错则无以改。只是，我们都好像没有什么过错。

世间之内，讲究"对错"。我们的行为举止，只要是罪不至死，我们又敢于认错，那么罪过可以被马上减少，甚至可使事态从敌对到友好。只是为何一个"认错"或"认罪"，往往就可以一了百了？

我们都活在"对"与"错"之中，生活就是在你对我错，我对你错中过日子。实际上我们都是活在"对"中，我们一辈子过来了，何尝都是对的？我们几十年如一日，我们的"对"积聚得太多，时间太长，以致"对"已成为自己的本身。于是我们再承受不了自己的"错"。只是却常常，非常容易地接受对方的"错"。因为那是加强了自己的"对"。

我们都是活在"对"中的，它与身体是一体的。这个"对"就是我们的执着所在。

执着是一切苦楚的根源与造就者。一个具有某种执着的人，会不自觉地为着实现执着而不怕苦难艰辛，甚至可以不顾身体上的痛苦，一如既往地执着他所要做的事。实际上，不能实现执着所引致的困苦，会比任何身体上的痛苦都要巨大。人们不会因为痛苦而放弃执着，而只能用痛苦去追求执着。痛苦可被知而明状，执着则不可被知，它与身心乃一体之物，故此对于执着本身，那是没有执着可言，在执着者自我的世界里，他的所思所行都是正确的，他的所思所行都是"对"的。

可见，我们对物质财富的追求，在某种意义上是正确的，那是我们的执着所在，是人生的意义所在，是抉择所在。

虽然以往的所知所觉，对于以未知未觉的前景与欲望之形成，是否相应，抉择者不得而知。然而，抉择者本身总是固执己见，在种种抉择面前，奋不顾身地沿着欲望前行。

欲力在内里鼓动，贪欲与习性在内里风起云涌，势不可当。抉择者在没有觉知天命之前，确实也没有办法对抗这来势汹汹、不断滋长的烦恼，也只有沿着欲望前行，才会感到日子的充实和人生的意义。于是为名利、地位、物质、财富奋斗，理所当然地成为奋斗终身的目标。

欲望大，欲望强，固然很好。但也可以是欲望大而多，致使欲力不济，变成弱力，最终一事无成。而且欲望所要成就的事，多在明天以外的遥远时间，欲望者的欲望，可能会跟随时间、地点、利益、生理、心理与环境因素的变化而改变，以致他在不同的年龄时限、不同的地点出现有不同的梦想欲望。

欲望往往是建立在利益之上，利益轻重的转变，时常是欲望的转变。欲望是善变的，欲力再强也只不过是一时之猛，它没有生命力。可见欲望需要有持之以恒的力量的支撑，才有希望得以成就。

俗话说"有志者，事竟成"，那是说要成就欲望之事，一定要立志。志向定了人生的目标方向也就定了。欲力的所用便有所集中定位，这样，时间长了，就会产生效用。

只是立志而行者，不多。决志而行者，更是少之又少。绝大多数人，都没有办法让欲力与心思沿着一个方向不断移动。无边无际的散漫心性与惰性，使欲力不断地损耗在无边无际的没有建设性的事物与小恩小惠的世事之中，致使欲力无法显彰，志事无以成形。所以成事者，是少之又少。

逢事据理力争，那是欲之所为，然而，无论"争"是如何激烈，它无法跑出"胸襟"的范围。欲虽然霸道，他终究只能在胸襟范围内泄欲。胸襟狭小而欲力强者，由于胸襟内可移动的空间较小，欲力在内里鼓胀，向外它所显露的力量也就相对较大。因此他们的行事，进取心显得很强。奋发向上者，往往就是他们。恩、情、仇、恨、忌等，往往容易填满他们的胸襟。致使欲力与心思，较容易地沿着一个方向不断移动，使欲望得以成就。

不同人，不同的胸襟气度，不同的心态，有着不同的意向与

志向。胸襟宽广者，经历有时，能具有气度，那是心量的外露。具有这种量度的人，他的意向大，志向也大，对待问题往往不在心胸狭小者那种斤斤计较的眼前利益上。胸襟越是阔达，心态就越是开朗，志向也就越是高远，胸襟越是狭小，心态就越是灰暗，志向也就越是渺小。

心胸狭小者，难以明白心胸阔达者的心思行为，那是小量不了大的缘故。所以就他们看来，只有他们的所思所为，才是最适宜的。

可见，思量行走于胸襟之内，它最多也只有胸襟的量度。欲力向外，所显露的行为，常常是思量的结果。无论欲力多强，它也只能按思量而行。

如果说胸襟是思量行为的空间，那么心态便是空气。无论如何，思量和行为也只能是不断地显示着胸襟与心态。思量与行为，出没于胸襟与心态之内。在那里，欲望是目标，欲力是动力，情感是色彩。在那里欲望可有变改，目标可有不同，欲力可有增减，情感可有浓淡。然而，胸襟与心态往往是始终如一的。

胸襟与心态不同，为人处事的办法、态度就不同，对问题的取向抉择也能有所不同。欲望引导的行事进取，从利益出发，可能会有利益上的小成，然而人生的大成，终究要从胸襟心态上着手。

胸襟与心态，是抉择的根本所在。没有开阔胸襟与开明美好的心态，所有的抉择都可能是有问题的抉择。

要实现一个远大的理想，没有美好开明的心态的护养，欲力野心再大，都会因为历时长久，心生厌倦，不了了之而夭折。

胸襟欠阔度者之所以难成大业，往往是因为心态暗淡所致。心态通朗美丽，一切就都充满美丽。心态灰暗，一切就都充满灰暗。可见事物并没有两面，更不只是一面，事物只是事物，此外，剩下的只有人与心态。

不公平

人都是爱憎分明的，只是爱憎的对象常常是人本身，不是人以外的事物。至于爱好、厌恶和偏好的对象，可能又另有不同。它可以是人，是物，是风，是景，甚至是一种幻想。只是人的这一些自身引发的习性，在很大程度上，使本来明智适当的抉择，常常变得非常不理智、不恰当。使本来的公平，变得非常不公平。

我们自私的本性，本能的要求一切的利益，在争不到手的前提下，都按着他所欲望的公平平均分配。至于已到手的那部分利益，总是理所当然与应分的，那当然是不需要参与分配。要分配的总是别人的东西。我们对于自己的得失，从来不会有过多的感觉，对自己所要付出的，总是斤斤计较，毫厘不差。

要是收入时计较，是怕收入多了！

要是付出时计较，是怕付出小了！那么世间就不会有不公平的事。

社会的构成，大概是由政府、团体、企业、家庭、个人等一种个体组成。这些个体代表着不同的利益，都是本着自我的思想意志，行事进取。

从表象上看，经济运作是社会的主体动作。社会是通过经济的运作，使商品流通，满足人们衣食住行的需求。社会的商品流通只要是由企业执行，社会财富的聚散与分配就在企业的运作之中。

如果说经营企业是生意，那么经营政府就是更大的生意。企业是通过产品的销售以达到盈利的目的。政府的生意是经营管理其下的各行各业，使贸易畅通，百姓丰衣足食，国泰民安。企业基本上都是从个体的利益出发，而政府的经营是要引发企业的创造性，使各式各样因私而得的私利，在无形之中，化为公利。每个企业奋发向上的运作，对于企身业本身并不算什么。对政府而言，那可是一片欣欣向荣的大好形势——那是国力在昌盛。

当一个人还是单身汉的时候，他可能只是按着自我的利益行事进取；当他有妻儿的时候，家庭变成了他的自我利益；当他经营一个企业的时候，企业便成了他的心思，家庭变成了他的自我利益；当他身在公职的时候，公共利益便成了他的职责义务。他在不同位置承担的责任的不同，所得利益不同，感受不同，因此而有对同一件事有角度与观点的不同，再而有对待处理问题的方法、态度不同。

日常生活中，不公平的根本可能就在于此。然而只要将观点与角度稍做调整，那么不公平的事也常常变得公平合理。

我们都有听信自我主观思维的偏好，主观上认为的不公平，在一定情况下，可以通过一定的逻辑推理，使主观思维的方向发生变化，使本来认知上的不公平，变得不公平。

世事无常，一切都是善变的。无论是个人、家庭、企业、政府，都必须做到善变以应付善变。只可惜我们的观念、习性、情感几乎都是成形的。年事越高，善变的能力就越差。日常生活中的不公平，往往就是这些成形的观念、习性、情感，受到不规则的善变的冲击碰撞所引起的。我们因此而有无尽不公平的事。

就利益、职责而言，公平的所在，而对于观念与情感，公平的所在就在于合乎它的情理。

理智上，公平与不公平的出没，皆无出于此。然而我们也时常有遇到胸襟宽大之人，所谓"宰相肚里能撑船"者，我们周边不乏其人。

经商买卖，讲求公平互利，只是人与人之间，胸襟常常具有较大的差异。知识、经验、学问、毅力、恒信、勇气等的不同，又会引致对同一个问题的，深浅不一的见解。这使我们无法为公平找到一个平台，而只能在意识领域上，通过教育传媒，尽可能地统一意识观念，使这种因意识观念不同，而引起的不公平减到最小。在某一程度上，公平互利，只是自我的一种感觉，人们常常是感到公平已经足够。只是对于胸襟狭小的那一方，无论所得多少，都是不公平的。

因为心感不公平，才要求公平。利益、名誉、地位等的轻重高低，时常使不公平涌现。观念理智上及时对应的调整，再如情绪，感情的搬弄，也时常可使这些不公平，变得使人感到公平。治理国家企业，是要尽量使人感到公平。公平不可得，他没有统一的标准。然而人们所要求的公平，并不真是那么一个公平，只是要感到公平。诚然，人们所要求的公平，就是这么一个"感到公平"，要实现公平，就是实现"感到公平"。所以，经营管理的技巧，主体上是让人感到公平的技巧。人潜在的潜能，时常在内里，由其自私的心性带动起欲力，在施展于外。潜能往往需要碰撞点，以激发欲力。不公平往往就是这些碰撞点的制造者。不公平而后有仇恨矛盾——有变化。它是一种力量。欲居内而求外，得偿所愿者公平，否则不公平。人生不如意之事十有八九，那是人生不公平的事也同样十有八九。可见，世间者，不公平是也！

天地之间，电闪雷鸣，山崩海啸，皆大公平。为世间之内，市井之间，家常便饭之中，处处不公平。

"不平则鸣"，那是"私心在鸣"。要是"私心不鸣"是否真有那么一个"不公平"？不知道献与给中是否还有这么一个"不公平"。

我们活在丰盛的物质世界里，物質對我們的重要，實際上是反映體現著物質在思想中的重要。我們將精神、思想傾注在物質上，物質是被用以滿足思想的要求與感受，而思想不是用以滿足物質。

明与暗

社会的基本元素是家庭，家庭的主要元素是男人和女人。男人与女人的基本需求是"食与色"。

"食"不足成饥，饥者生慌，慌着生乱，乱者不受治理。

"色"不足，则欲火旺，欲渴不止则内虚，虚者寂寥，心浮意燥。久之，男旷女怨。

男无女不实，女无男生虚，故家庭所需者，其一，衣食住行之基本所需，其二，男女同房。

"食色"不足者，并没有多种可解决办法，唯一的方法，就是让"食色"饱足。此乃安抚人心之第一大法宝。古人云"仓廪实而后知礼节"，仓库里的储粮充实了，人们才会知道学习遵守礼节的事。人生的头等大事，莫过于男女婚嫁、成家立业，而后建功立业。

"食"，可大行其道，公然行乞讨食。助之者，往往应之而来并以之为荣，奔走相告。

"色"不足，则不可对人言，只能忍耐自抚，暗度陈仓。"色"，只可暗作暗语，不可明作明语。

人人之间，好事张扬，丑事收藏。显而易见，世间之事有可言和不可言两种。可言者可大行其道，不可言者，只可暗里藏机，避人而行。"色"事不见人，只能以不被人见的方式为之。

可见，解决问题的方式有两种，一者明法，二者暗法。该用明法之时，需用明法。需用暗法之时，就要用暗法。明暗之间，可不能明暗乱用，否则大事不妙，其祸横行。

于人而言，心在内，事在外。心与事之间，犹如石之投河，石头冲激水面，泛出层层波纹。世间之无事，犹如水之无纹，心与世间碰撞，而生种种事事。投石入水，水生波纹，而后复平。投心入世，世生事，事后世间满事。那是石中无石、心中有心的缘故。

尽管心可以是无处不在，他所经营的范围还是有内外之分。感触与冥想思维的活动，是发生在心内。冥想思维是以意与念的不断流动来实现的，当意与念的流动有所集中的时候，那便是人们凝神定气的时候。此时，在外观上，人们会显出思索的样子，这就是俗称的心事。它只发生在心内，心事以外，世间的所有，大概都叫"事"。

心事与事纵横交错，心事在内，它是不为人知的。然而，心事之多，也绝不是世间之事事可比。我们可以是心事重重地对望着天空大地，天空大地也只是天空大地，心事却可以是翻天覆地。

事在外，它有为人知与不为人知两部分。再者世间的文化传统，道德习惯等所分的好坏、对错、羞愧、光明、正邪等，又使世间事事，分为好事、正事、邪事、坏事、丑事等。

自私者，人之常情。只是超过常理或一般的自私，则不正常。不正常则受排斥指责，私欲再强也只能绕道潜行。自私者天性，只要是有所得着，又不伤天害理，人们总是沿着自我的心性而行。他们往往会让好事、正事，可见光之事，示众而行。至于其他不受喜欢、不能启齿的邪事、羞愧之事，则多在暗中潜行。日停夜作，无人时作，有人时止。

可见，我们的行为举止，绝大部分都不为人知……

"要使人不知，除非己莫为"的意义，实际上只能作教育所用。它不真实。对人处事，要恰到好处，就要做到该到明时用明法，该到暗时用暗法。做到明暗双用，相得益彰。

男女之事如此，世间之事如此。

世间者男女，男女者世间。

经营者

企业在经营管理之中，下达决议与执行决议之间，如果没有洞悉此中各人的心态、意识与习性，那么，决议可能只是决议。决议造就者的观念与意识，与其下人员的观念、意识相近，那么决议的执行会很顺利。只是当他们之间的观念与意识差别较大的时候，决议执行的结果，会是令人大失所望。尤其是涉及习性的时候，结果将不堪设想。

经营管理，并不是见到问题并提出解决方案那么简单，真正的难度是实施并使之生效。

要实施一个决议，通常需要一个比提出解决问题方案更重要的环节——那就是实施的具体方案，包括具体的细节。这都需要上层领导有规划、有层次地监管引导。以致层层相扣，形成一个互动的机制。然而，这一步表面上是容易做到，只是在实际操作中，会是十分艰难。

这首先要看经营者的决心与他的性格和脾性，反映在工作中的长处与短处。所有的事情几乎都要求时间去完成，需要按部就班、有组织、有规划、有程序地实行。这要求企业经营者在具备组织、领导能力的同时，还需要有耐性。缺乏耐性，需要持之以恒的一切措施，将容易失效。缺失耐性，自然就缺乏有计划的跟进，至于实施，那当然是更困难的事。

性急之人，容易心急。心急、气急，自然念急。念识如暴流，难以静而回转，此则难于自省，自省不行而事行，那么事出则入困，困于事事之中。

心急者，念急，念困于心；心急，心入困于习性，心因而气急，念识随气而流，念识之流，因急而生力；故心急者，行为做事，急而快，充满力量，只是因急而常不能自省，而常常又使事事生困。

因此，性急的人，身居要位，处事会常常缺乏章理。使事事生乱，只是其行出入于习性，不能自知。**影响控制思维活动的常常是观念，伴随言行举止是习性，判断是非曲直的是良知，乱理序的是脾性。**只是我们都有偏重观念的特性，致使我们时常忘乎事理以外种种重要因素的存在。

企业核心人员本身的观念、习性、良知与脾性常在不自知的情况下，决定着企业的前途与命运。

观念如世界观、人生观、社会观，当这些观念综合运用在企业管理的时候，便成了企业观。不同企业观的人，具有不同经营企业的理念，于是，产生有经营管理上不同的方针与政策。

我们的思维活动，言行举止，便是那些观念与习性的影子，企业的经营者，如果权力较集于一身，企业观欠端正与健康，又缺乏不同声音的协调，那么企业的经营从开始就欠健康。

这些企业，通常在得势力的时候，会因水涨船高而会有新发展。当失势的时候，亦会因水落船低而搁浅。生意堕入困局。

一般而论，企业经营者，首要具有端正与健康的理念。这种理念，需要有正直、良知与美好心态的护养，否则企业的运作只会堕落在铜臭里。经营者，治业养业，还需有博大的仁爱之心，此心下的言语行为策略，深具感召力，能触动人心深处，使观念隐退。有这种心，才可能有顾全大局的事，要不只会是有顾全自我利益相关的小局。

一个拥有几十或几百人的企业，当其经营者觉得这企业的唯一拥有者是他的时候，企业本身便已经隐藏着可怕的罪恶与危机。企业经营者会见机行事，在利益与危机面前，将企业人员的就业、生活、家庭幸福等毁于一旦。给社会造就出种种悲愤与负担。

观念者，知识与经验的揉合，心地是它的基础，胸襟是它的外延，欲望是它的执着的所在。

知识与经验的积累，水到渠成。欲望更好像是随手可得，它与生俱来。只是以人为善的心地，与海量、包容的胸襟，不常具备于企业经营者之中，致使经商，只为经商而经商。致使经商常常只能运展于小局之内，而不能成大局大事之美。

善攻者，攻心；善事者，行势。势者，人心之所向。生意之上，顺势而行。如水涨船高，财利自然得以成就，而不受思想意志的影响。

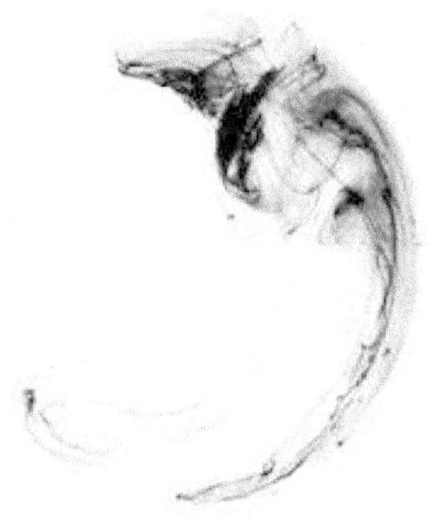

压 力

经商买卖，可否事顺事成，往往体现在经营者身上。经营者，之所以能治业养业，几十年如一日，主要是因为他们所有的心思，是不断地用在经营管理上。

上班一族，之所以是几十年如一日地作为员工，是因为他们的心思是不断地用在单一的作业上。

经营者的心思是较宏观的，他是更多地用心思去对付资金的流动，对付产品的技术，对付体制和机制，对付员工，对付市场……他是竭力使企业的运作可在最短的时间内，发挥最大的效益和作用。

员工的心思，是较单一、片面而散漫的，而且富有惰性。他们是更多地用心思去对付手头上的作业。他们是被管的，他们没有机会和更多不同层面的问题与人员碰撞，难以激活内在的潜能，以至缺乏对付与处理各种问题，特别是处理人事问题的能力。

经营生意的运作，基本是每天提出问题，解决问题的运作，缺乏解决问题的能力，特别是指挥管理人的能力，一般而言，这类人员，应该是属于上班一族。

位置不同，所见不同，责任不同，心思不同。

经营者几乎都是在压力下成长的。压力使他的心思，无法摆脱业务；压力使他成为最勤奋的人；压力使他成为克服困难的能手；压力使他能别人所不能。

心思散漫和天赋的那种惰性，在经营者之中，基本上不见痕迹。那是压力下的结果。

人自私要求占有而又不肯舍弃的人性特点，使投入要求回报。对回报的执着越大，此中所引发的压力就越大。这种执着在内，它是压力，对外它被体现为一种力量，压力越大，力量就越大。人自私而要求回报的执着，所引发的压力，使其心思的散漫与惰性，在瞬间消失。

所以一个散漫而富有惰性的人，可以因为投入生意而变得非常勤奋、上进。这就是压力使人成长的道理。

要改变一个心思散漫而富有惰性的人，必要时是需要设法使他失去一些心爱的东西，使他进入一个压力大到甚至需要拼命相搏的境地，以激发他内在的潜能，磨炼意志。人要成长，就必须要置身于各种逆境之中。接受各种碰撞的磨炼，以开启愚钝，开阔视野，制练心性，增修智慧，以致改变待人接物的态度和肤浅的人生观，再而能洞察周围问题的深浅，通透人情世故的根本，成为一个真正有能力的人。

至于成事者所需的积极性和主观能动性，在这种情况下更会是尽显无遗。

上班一族，要改变自己在社会中的位置，最灵验的方法，亦不过如是。生意经营者和员工的最大不同所在，大概就在于他们所承受压力程度的不同。

显然,压力是有效改变散漫与惰性的妙法。经营者,掌握这个性特点,懂得适当施压的运用,便可轻易地使员工的工作更具效益。虽然压力可使人成长,这并不等于说每一个人都可因此而成长。压力的施放在很大程度上,是要因人而异的。

压力之下,常伴随有担心,担心会做错事,担心时间的持续会使心境的灰暗相应增加,这样身体亦相应地承受着这一灰暗,与这一灰暗所造成的情绪低落,与其所引致血气下伏的危机。

不同的人对压力的承受力不同,尤其是胸襟的不同,压力下的结果,有时是可以有天渊之别。经历过艰难困苦的人,只要他能从中警醒,并通透其中的根本。那么这些艰难困苦,就会立刻升华为生命的智慧,使以后的艰难困苦不再出现。这样艰难困苦对于他本人往往是一种恩赐,正是这种恩赐,使他不断成长,使智慧得以成就,所以他要感激的往往是使他经历艰难困苦的人与事。

然而对于绝大多数人与言,压力下所引致的艰难困苦往往是无尽的不公平和苦楚。再而有无尽的恩怨情仇。不是每人都能知艰难困苦的好处,人们只会知道他们的坏处。可见学生是要因材施教,压力是要因人而异。实际上,在人生的旅途上,真正使你一事无成的,往往是那顺意,一帆风顺的通途。因为人内在的潜能智慧,常常是需要铭心刻骨的碰撞,才有机会点燃生发。

合 力

　　人人之间，惠力虽有高差，然基本相近。人之不能成事，在于精力与心思过多地耗费在没有建设性的事物上。他们的生活是充满散漫无边，以致无力。他们的生命与躯体是每天被散漫而无边际的需求与欲望牵着走的。

　　人之成事是因为精力与心思，较多而集中地放在较有建设性的事物上，再而，持之以恒，故而能成"行"，成"业"，成"家"。他们的生活，是非恩怨较少，周围的事情常常是被他们牵着走的。

　　人者芸芸大众，他们心中所装载的往往都是那些不成事的事。他们可就一个女孩的头饰谈论半天；他们可就一顿饭的味道不比哪家好谈论几个小时；他们可以就一个苹果落地应否捡起争吵一场；他们可以就……

　　他们的生活总是充满着无尽的事。俗话说：三个女人一条墟，那是一点不夸张。

　　话虽如此，然而，他们实际上所耗费的却是自己的生命。对于群体的社会而言，他们所耗费的是人类生产活动中，根本上所具有的最大的力量资源。

　　牵动与聚集这无穷巨大的力量资源，无疑是国家政策，企业方略的根本所在。

　　聚人之力，在于聚心。能聚心，固然好，只是民众之心常常是散漫无边，而又贪图无际。使用特别哄动的心术技巧，推动情绪心弦，牵动人内在的心性弱点，在短时间内可使人心聚而不散。表面上那是聚心了，其实不然，那只是牵动了情绪。然而，情绪平复后的状态，依然是散漫的常态。

可见，整体而言，用于冲锋陷阵的鼓动技巧，在日常的平静生产运作之中，并不适宜。这些刺激信心，不断勉励员工的做法，只能是冲锋陷阵之法。只是人总不能在那冲锋陷阵的状态之中。要鼓励一个人，使其倍增信心与力量，在短时间内是容易实现的。只是要使人长时间置身于这种充满信心与力量的状态之中，是不可能的。人始终会回到他那具有惰性而又散漫的常态。那么，要激励一个民族，整个社会，可想而知会是何等的不可能！

显而易见，激励哄动，使人感动的小术，只能在某个时候的某个环节起作用，对于整体企业或整个社会的宏观运作，它的作用却往往是微不足道的。

古人云："**得民心者，得天下。**"

当今之世，倡导发展经济，提高国力，国力者民心之所在，只是民心何在？

简而观之，企业乃民力的汇聚所在，企业的发展进步一定也是民力汇聚的结果，只是民心散漫，何以聚力？

众所周知，治理芸芸大众，经营上下员工，招引八方游客，不过乎收拢其心。只是民众之心不在心，而在所需所求。心在需求，需求则心。民以食为天，食不足成饥，饥者生慌，慌者生乱，乱者不受治理。"乱者"，那是要求自保的私心在抖动。自私者，天性。需者有限，只是私心无底，欲望无边，致使所求无际。

可见，聚心聚力之法，无过于满足私心之需求。大观的政治经济与管理之法，亦无非对付芸芸大众需求之法。

私心常在，贪图常生，人之常情。贪者现贪是贪徒，恶者隐恶是常人。天下乌鸦一般黑，贪官除不尽，恶事去不清。是故，贪赃枉法，平常之事，不宜大惊小怪，只需小题大做，以儆效尤。

自私自利者，欺善怕恶，得利则喜，失利则忧；见病则惊，近毙则恐；贪恋名利，贪生怕死……

古来贤明，通民众之性，用纲纪律其边际；立道德伦理礼义，以困言行举止；教化观念，以齐心合力；行文化传统，以成国体。

观念之成，言行举止之导。尽管私心妄动，只要利益不生冲突，一方天地，不治而治。因此，古时贤明治世经易，必先播种信息，一而再，再而三，持之以恒。以染人耳目；施行教育，教化观念，致成文化传统。以此使人自治，再治人于无形。

观念一致，力量所聚，势不可当。造势者，莫过于此。如果说，可使人激动而增强信心与力量的技巧是小术，那么，可以进升改变观念，致成观念一致的技巧，它是大术。西方世界，几百年来，国力长盛不衰，功在基督思想入世之根深蒂固。西方人，号称民主自由，尽管这所有都不出主体基督思想的范围，然而，正是这种思想观念的教化，特别是近百年来的普及教育，更是使观念一统，民力归一。这是致力文化传统、教化思想观念而演化的不治而治。

统治社会的是文化传统与道德观念。社会商品经济的运作，当然亦会不出于此。表面上，人们日常生活的主体运作是经济运作，实际上，那是在为自我利益奔波，为需求奔命。有需求必有供求，商品市场供求的波动，是具体需求的表现。然而，两餐一宿外的一切利益所求，除了受社会经济规律抵触外，同时深受文化传统与道德观念的影响与管束。整体商品市场的运作，实际上是文化传统与道德观念下的运作。

可见，国家的政策与企业的方略，总体上除了离不开社会经济规律的范畴，还必须迎合两餐一宿之需与主流的文化传统与道德观念，那是民众散漫心性的疏导与整理，是齐心合力的所在。

利益与观念

日常生活中，人与人之间的是非恩怨，经贸之中的明争暗斗，以致国与国之间的争端，常常是表现为观念上的文字与口舌之争。然而，被观念理据掩盖在内的，是赤裸裸的私欲。诚然，那是私欲下，利益之争。

自私者，天性。它是私心常在，贪图常生的根本。人自私而要求占有的特性，使利益的得着，在人生的旅途中，显得非常重要。以致观念之所成，都常常是寄托在利益之上。利益没有到位，观念往往难以更新、变改。故而有生意之上，唯利是图的事。

观念虽然可以深沉到潜意识里，在有意无意之间，指导着言行举止。只是当利益轻重出现冲突的时候，观念可以在突然之间变得疲弱无能，而不起作用。可见，生意之中，利益轻重的搬弄，在一定程度，可致成的效用与变化。以致它常常是解决问题的根本与其原动力所在。人浮于事，事者多为观念所致。观念顺利益而行，随心思口舌之导，聚众人之观念而成其势。这样，立在利益上的观念，可起的作用，如果利用与引导得当，它同时亦可像大海波涛，势不可挡。时势的造就与其发展的动力，改朝换代的力量所在，亦无出于此。

然而，利益之小，不敌生死之大。当生命受到威胁的时候，贪生怕死的人性弱点会自然地显露无遗。偏中利益的观念，会在刹那间变得锋芒尽失。生命会在突然间变得非常重要，观念开始会站在生命上。于是，常理不再有为，所有可能意识不到的事，都会发生。当生死关头迈近的时候，所有的观念，会突然之间消失得无影无踪。仅存的，只有赤裸裸的血性。

战场上的血肉相搏，不正是血性在相搏吗？

送勇士们上战场的，可能是利益观念与情绪。只是当生命受到威胁的时候，拼命相搏的，不是观念上的文字口舌之争，而是无路可退的血性。

所以自古以来，有"穷寇莫追，破釜沉舟，置之死地而后生"的道理。可见经贸之中，观念理智的运用，在情绪、脾性或生死相关的情况面前，要知适知止。否则就会弄巧成拙。因为观念理智以外的事，不能以观念理智观之。

人生在世，利益者，生命之前，不足挂齿。然而，人与人之间，国与国之间，推波逐浪，牵动杀机，造就战争者，往往是利益。人们要得到的是利益，可损失的却是生命。

芸芸大众者，生命。只是大众之心，并没有生命，他们从来很少知道从生命的角度去看待生活，只知道在利益得失里过日子。那是对利益有知，对生命无知的缘故。

对生命无知，则正见不生。对事对物，没有正见，那么就容易被洗脑、渲染，容易被哄动。

人们日常的主体运作，偏重于经济的运作。这无可厚非，只是自私自利心性特点，使人们都沉沦于财富利益之中，终生为之而奋斗，不能自拔。致使观念理智的力量与动力所在，都是依附在利益之上，没有利益基础的观念与理智，几乎都是没有效用的。

人者生命。只是人们对生死基本上一无所知。生死之大，只发生在生死之间的情绪涌动。此后，便如烟消云散。生死关头，常在的观念理智因情绪出没，可能会不起作用。但这对和平阶段主体宏观的社会运作，影响不大。

主体宏观的社会运作是利益之上的观念与理智在运作。

情　绪

日常生活之中，人人之间，利益不现，生死不近，文字口舌之争，结果难成。然而，在某些个案之中，只要稍用心术，推动心弦，牵动脾性，问题常常会变得简单，结果会有意想不到的收获。这要求具有定力者，及时改变对方注意力的焦点，以改变思维路向，再及时牵动起情绪。情绪之生，可暂时使一切一切，抛之脑后。

芸芸大众者，情绪之奴仆。**人与人之间的恩怨争端，表面上，是以理相争，实则，常常是情绪之鼓动**。息事宁人者所做的，往往是平息了情绪。人与人之间的恩怨情仇，有时并不可怕，可怕的是其间可能被牵动的情绪。

民众的情绪，几乎都是挂在火线上的，一触即发。要知道，欧洲足球杯赛上，每一球的进入，都以全场此起彼伏的激昂呼叫、哄动收场……

当政管理者，只要掌握这一人性特点，就会知道民众情绪的起伏，使问题在没有被情绪激发之前，化于无形。

话从耳入，事从口出。此者，充满小恩小惠者之日事，自然，活在小思小恩之中的一族，是容易被哄动的一族。

富有心术者，只要在他们当中故意播放一种信息，一串谣言，作出一种举动，便可生出一片争吵，甚至哄动。他们轻信传言的习惯与偏好，再加上好奇与缺乏主见的特性，使自己容易被周围的事物影响，个人情绪因而容易被煽动，激动于不明不白之中，而又常自以为高明。

掌握人性的这一特点，往往可使言语可聚成的巨大力量，轻易地运行于有意无意的言谈之中，掌控他人于无形。高明者治业经商，此术的运用，常为上选。广告与传媒的动力与作用，亦不过于此。

容易被哄动、渲染，自然容易被引导管理；容易受教，亦容易被蒙蔽、欺骗。知道这个特点，在取舍信息，特别是传媒的时候，就会看到某些信息通过媒体可带给民众的好处与坏处。

当政者，企业的经营者，首先要有健康的心态与端正的人生观，对生命与事物要有正见。芸芸大众，用心之散漫不定，是由于对生命与事物没有正见。正见不生，论人断事，则多在不明不白之迷糊之中。

自古以来，情况一直是这样。不是说现代人聪明，就不是这样。诚然，古今之人，心性特点，如同出一辙，并无两样。

总而言之，在这许多人性特点下的民众，是容易管理的。只要认识、把握到其中的长短，通过管理疏导，使民众散漫的心性，聚集起来，社会经济便会繁荣昌盛。

然而，作为管理者，这需要有卓越的正见与定力。否则，管理者本身也只能算是民众中的一员，论人断事，不明不白，致使事事生乱，企业越搞越乱。

致HELLEN

　　直观上现在的您与我所认识的您有点不同，以前您不会让我感到难以沟通，但是这半年以来，这种难以沟通的感觉越来越强烈。这次澳洲游更证实了我感觉。同时我惊讶地发现，您与Mostafa的沟通更不容易，你们的沟通很多都是"争吵式"的，这也使我感到非常欣慰，我在心中不时对自己说："Hellen真不错！"只是同时我又稍感不当。

　　您富有主人翁的态度，这是企业发展所需要的，它是力量的所在。只是这种力量伴随着情绪的时候，更容易使不同意见场面的气氛升高。电话里常听您说"Mostafa不高兴"之类的话语，其实那常常是您的情绪被问题牵动了，再而自然引发抱怨的习气。

　　这半年以来，您单方面给我的信息，充满抱怨。这样心态下的运作，我能期望公司有新发展吗？您现在的危机感是理所当然的。事实上，早在半年之前，我已有这种感觉。

　　很多时候，当Mostafa觉得有问题时，您也自觉地用您觉得正确的方式加以分析、判断。这种正常处理问题的方式，是从各方面分析、推研起因。只是我们习惯上，都主观地将责任推到远离自身之地。再之，这个过程会引起心境"阴天"效应，以致动之以情，推之以怒怨之气，问题可能会越变越大。

　　抓着问题的出处，责任到位，按理序而行，这固然好，只是此中所引发的情绪暗战，往往一发不可收拾。您抓着理点，而情绪之物不点自燃。气行之不顺，再之，抱怨之气渐生。

我们容易挑剔别人短处与不足的特点，常常使各种问题的探讨，较多地不断进行。古人云："人生不如意之事，十有八九。"可见在一定允许的层面上，对问题的追讨，要适可而止，不止则生怨，怨而后生乱，大事不妙。

反投诉心态大约有三种：

1. 以赞许的心态投诉；

2. 以商量、探讨的心态投诉；

3. 以追究责任的心态投诉。

当一个人以追究责任的心态投诉，再加以情绪，抱怨则生。你所听到的将只有争吵之声。很不幸，Hellen，您使我听到的有时是这一种。

人与人之间的争议、纠纷以致国与国的战争与纠纷，多由此心态引起。第一种心态难以做到，至于第二种心态，是可以尽量做到的。要时常警觉自己的怨话、气话是否过多，要点到则止。否则您点燃的将会是一场争吵。人与人之间的争议、纠纷以至国与国的战争与纠纷，多由此心态引起。吵后又会觉得工作没有意义，霎时就有种不想干的念头。这都是心情不好所致。这种坏心情很多时是因负面的话语过多，牵动起你内在负面海洋，汹涌的波浪一发不可收拾。负面的话语点到则止，那么亦不容易出现一发不可收拾的情绪局面。

您可不断地数落一个人,让他在短短十分钟内垂头丧气;您亦可赞扬一个人,让他在十分钟内充满力量,生命突然间充满了意义。

Mostafa是性情中人,情绪大起大落。他需要别人安慰。当出现问题时,如果您能以开解的心态去安慰去化解,那么,他的作用会很大。反之,他的破坏力也很大。他会马上告诉你说:"我不干了!"那是情绪气话,是会坏事的怨气之话。

喜欢别人的赞美,不喜欢别人的指责批评,那是人类的共性。只是我们善于挑剔别人短处,而不善于挖掘别人的长处的特点,使我们常常听不到赞美。我们只会多多地见到指责与纷争。常人都承受不了过多的不如意之事,只是人生不如意之事,十有八九,因此我们的面孔十有八九都不见喜色,只有忧虑之色。

善于指出他人的缺点和不足,而轻易忽视其长处,这样我们的潜意识里会满载有负面而消沉的东西,满载着别人的缺点与指责他人的理由与依据。所以街上的行人,脸色多呈现消沉之色,人们走在街道,街道便成了消沉的街道。只有路边的花草,随风左右飘动,点上些生气。

凡事不能太"过"。食以饱为限,饱而再吃,太"过"了,久之则生其害。

负面的说话,要适可而止。否则气话、怨话,话赶话,越说越多,纠纷近矣。反之赞美之言要多说,要将好气氛渲染出来。

一般而言，责赞需要并用。责四分，就再赞六分。只责不赞，你只会将整个团队在不知不觉中打沉。

"责"是要将问题解决，动机是好的。只是人们在"责"的过程中，添加上情绪与怨气，使"责"不受喜爱，结果适得其反。人只在"责"中活着，工作自觉无趣，久之则生厌倦，对于企业而言，危机也就到了。

企业是由人组成的。人喜长活力，人怨则消沉。

每一个企业，它的运作都存在方方面面的问题，"家家有本难念的经啊"！

问题层出不穷，企业的运作就是不断解决问题的运作。如果问题比您的信心、毅力大，那么企业就没有前途。要是您不当问题是问题，永远只勇往直前，企业的前途将会无可限量。定断转机的可能是机遇、运气，只是定断企业前景持续美好的往往是人对待问题的端正心态。美好的心态满载有活力、创造力、如果缺乏这种心态，您的世界充满的只有问题。

做企业是做事，整个企业都充满着各种各样的事。把这所有的事都做好了，企业自然就好了。心态端正，那么你每天在做事；心态欠美，那么你每天在解决问题。做一事，了一事；解决一个问题，则又生出另一个问题。

孩子生病了，带孩子去看病、吃药。病好了，这叫做事。

孩子病了，焦急、恐慌、再带孩子去看医生，每每怕这怕那，吃药怕不足，又怕医生不够道行；病好了，又怕这，又避那。这叫问题。

事出则事，事后无事。此者，事也。

事出则事，事后有事。此者，事不在事，心中有事。心事者，问题也。

为今之计，燃眉之急，是要挖掘公司的长处，绝不过分渲染问题，多谈长处、优势。唯此者能长信心、斗志。退一步，今天重新开始，重新订立公司的方向、目标、奋发向上。我们的意思是将整个市场拿下来，可以做到吗？我老实告诉您，以我们的实力与优势，当今之世可匹敌者，何在？不要忘记，我们所做的已经是一个奇迹，可傲视同群！

难道还有其他公司做到我们所做的吗？

我们奇迹都创造了，难道所剩之小小问题都解决不了吗？为了一些小小问题，就以为到了危机。告诉您一个事实，所有大企业都要经历这必要的一步，过不去则危机到了。

冲过去了，我们将得到整个市场，这是转折点啊！这是好事，我们就需要这个转折点，帮助我们冲过去。告诉所有的人，大声自豪地告诉他们："我们就拿这个冲击过去！"

静　心

　　静心，那是通过一些技巧、方法，使心静。要是心够静，那么，所有技巧与方法，也就显得多余了。然而，古往今来，静心者，如恒河沙数，又有几人能主动地将外驰的心收住？至于"船过水无痕"的事，就更不用提了。

　　心欠静，而学能使心静。具有这种觉悟，俗世之间，已为上人。此人能行自省，而自律，能知错。人生在世，可怕的是不能自省，不能知错，而生无悔无耻。悔、耻生，而后能知过止错，为人做事，知适知止。

　　简言之，静心，是用心，去用一种方法去平复心，是以心制心，是心用心去使用心的那个心平复。以心制心之所得，不也是心吗？此者，之所谓玄。以常理观之，不可理喻。可见，静心之说，不可言传理喻，只能心传感悟，只做不问，而又不生疑惑。

断　念

　　日常生活中，最容易触动心绪的，往往是观念与眼、耳之所及。大脑里的念头，无时不是风起云涌，连绵不断。这样念念不止，则成烦恼。再之定力不足，无以截念，心绪顺之而出，念念再转于心绪之中。这样心绪转念，念转心绪。此之所谓乱。

　　念头的出没，是刹那间，不是相互依存的。使它延伸的是主观意志的思维与此中所产生的感受。

　　思维与感受，有一个自然持续面，这就像惯性一样，这里称之为习性力，简称习力。

　　用力推动一个小球，小球会沿着地面滚动一段距离，在没有再加力的前提下，它将不再滚动前行。

　　当主观意志加在念头的时候，思维便开始沿着一定的逻辑套路前行，当感受出现的时候主观意志便有所加强，理念于是继续前行，直到理念被主观截断或感受渐失。比如，张三不小心踩坏了邻居李四的花草，这牵动了李四多年的积怨，李四越想越气，破口大骂，以致此后几天怨气尚存，行睡不安。

　　不断想象一个人的好处，这个人会是越想越好，因心情是越来越好；不断想象一个人的坏处，这个人会是越想越坏，只因心情是越想越坏。这是习力下的结果。定力不足者，言行举止多受制于此习力，终生不为所知，以致有无尽的烦恼苦楚。

　　心情不好，才想做静心，而心情之坏，常常是不美之思所至。因此静心技巧的重要一环,是要首先学会断念。这是一种非常简单而美好的技巧。

日作之中,好事多,不美之事更多。主观地在意念中,将不美之思断掉。断然转头,不想它,不看它,不听它,而主观地另想其他事物;断然地将大脑内的境像转掉。这样习力会为你造就出另一境地,一个美好的境地。你所需要的只是十到二十分钟,你的心境会被转为另一种心境。日常之中,平静的心境常常被不美的言语刺激而被改变,那是心境被言语转了。掌握静心的技巧,就要学会从被转到去转,主观主动地去转那烦恼之境。

静坐时,大脑里会涌现无尽的念头,这是人之常情。顺着这些念头,你会坠入烦恼之中。**见一念,断一念;生一念,再止一念。用美善之念断转烦念。**大脑的思维受文字理序之困,而使理念多为言语与文字。言语、文字的对象常常是人本身,再者,人生不如意之事十有八九。这都是人人之事,非人外之事。人所恶者,人也;人所怨者,人也!因此断念中的重要环节,是要主观地将念转成境,用一个美丽境象,转掉文字、言语性的念头,转一个再转一个。

这样,持之以恒,养成一种习惯,再由习惯来做,这样慢慢你会由被烦恼牵着走,到你牵着烦恼走,开始步入觉悟人生。

日常之中,当你见到念,清楚地见到念,并沿着它思索,此刻,你已淹没在烦恼里。只有念转或碰他物的时候,才醒来。

然而，马上又落到另一个烦恼堆里。不觉醒的人，每天如是，至死不知。他之所以不能觉醒，知苦而跑不出苦，是因为生命能量过分地、不断地消耗在令他烦恼的事物里，生命能量一直没有机会被置身内，以固身养性。

当你被置在烦恼堆的时候，你的注意力都已倾注耗费在烦恼的事端里。你之所以在烦恼的事端里，是因为注意力在那里。注意力之所到，则你之所到。注意力的耗费是你内里生命能量的耗费。这样，从孩提起，几十年如一日，人会健康、觉醒吗？智慧有机会进升吗？

精神病患者，口中不断充满有胡言乱语。那是大脑中涌现的烦念，构成着整个思维。病者没有足够的定力，使主观意志操控烦念。相反，被烦念操控，不能自主。

身体虚弱的病人，也时常会有过多的胡言乱语，那也是定力过弱，不足以阻挡烦念的汹涌，以致烦念构成了思维。

年岁高的老人，时常也出现会有近似现象。言语啰啰嗦嗦，重复又重复。那也是定力衰弱，主观意志有敌不过烦念的趋势。

意

念容易被见,可见则容易被断。只是定力不足念无以断。断念可达到的层面不会很高,它是可以在一定程度上,使生活素质提高,使人健康一点,聪明一点。因为很多的烦恼都被转掉了。念是大脑里涌现的,念只是念,它只是叶子,它不是长叶子的树杆,更不是根。

常人之中,心情起伏不定,就算是空闲无事,都会有空来的千头万绪。特别是女人,林黛玉甚至见到风吹花落地的情景也心伤泪流,惹来无尽的愁思,此所谓闲愁。有时候,什么都没想,什么都没做,只是不知何来那些愁闷。大脑里好像什么都没有,空空的,也没有什么念头,就像一种冥冥中的状态。只是也不是冥想,什么都没有,好像也不是。它对周围的一切都清楚并知道——那是意。

如果说念是单一线性的,那么意就是一个空间。意动,它是一种占有一定空间的势态。高明的画师可以在几笔之间,使人体会到一种宽大,一种气势。那是意境,那是作者将其意境融入画里。念也是意之所在,只是单一的文字理念,常常不能完整地表达意这个空间。所以,一千个术语可表达的东西,往往不如几笔的图画。善于读书,咬文嚼字的人,听说一个道理,总说不清楚,没有主题。他的思路,没能工作,那是没有意会。用言语所讲的道理,只是尽量去表达意的所在。见理则见念，只是见理则不一能见意。然而意会了，那也不必再听理了。

意在四方而念隐，意在一方而念现；意欲大则念强，意欲小则念弱。

显然，意是一种功能，它是一种态。意动时，它以势态出现，故而有意气风发的事。

念只是叶子，是意用的一种途径，因此意气消沉的人，会有无尽消沉的念头、思绪，有无尽消沉的说话、道理。

可见，意是一个空间，念就是从那空间里飘出来。断念是指主观地转断，从那空间飘出来的烦念。

意中有念为意念，意中之思为意思，意中之境为意境。这些念、思、境，在意这个空间里，犹如天上的行云雾彩，本来都非常美丽，只是此中识的到来，在一定程度上污染了意这个空间，致使念、思、境都成为烦恼。

断　识

识在意中是隐现的，它是理念、逻辑、思维的土壤，通常是见理不见识，理之不能转，是识没变改。要能变理，那是先要在识上下功夫。**思想理念之保守难变，那是识不动所至。**

日常生活之中，无论做事，还是不做事；无论是思索，还是无思索；无论是有看法，还是无看法；无论是有感触，还是无感触。指导着言行举止的，总有那么一个内在的智者。它判断、操控、造就着一切的真假对错，是非曲直，那就是识。当一个问题出现了，在思维与方案没有出现之前，那个蠢蠢欲动的就是识。它是思维前的思维，是方案前的方案，是思维中的思维，方案中的方案。这正如一副有色眼镜，戴上它，无论用之看与不看，都已是被蒙上了一层色。看时要透过这层色。不看时，也有这层色。此色者，"识"也。它是知识、经验、感觉与习性柔和的无形体，深藏并遍布在整个意的空间里，故称为意识。可见真能断念的是断识，识不断则烦杂之念，念念不断。这要求做到，如孔子所说的"畅耳"。什么事听起来，看起来都是没问题的，世上没有不正常的事。这样识就净了。识净则念正、思正、境正，世间之上无有不正。净者正，正者净，那么心静矣！只是含识如瀑流，要能断念截识，谈何容易！

要断识，必先知识，否则无以为断。常人之中，一识只是一识，识识不通。学物理的只会讲物理，学针灸的只会讲针灸，学电脑的只会做电脑,中医只是中医,西医只是西医。各种学问基本上是不融和相通的,它们之间甚至相轻敌对,此为识识不通。天地之间,宇宙之内,所有一切都是相通、相融的,不分彼此。只因我们的智慧无法透达这所有的所有,故而有分门别类的学问,可见能断识者,唯智慧也!

断情断欲

识中庞大而又根深蒂固，无形无象的内容，主要是来至日常生活中的所知、所识、所触、所觉。而最能最易触动人的，往往是情与欲。

万事万物，都存乎其理。人见万事万物，活在其中，见物不见己，而自以为物与己同，遂以事理视物取物，以成习性。故人有以理视物的偏好与习性，周围环境的理序，自然成为自我的理序。事物居外，自我情、欲在内，事物的理、序、象、数成识于内，而为情、欲所用。再加之其中的脾性的出没，反复不定，常使理序生乱，事事不断。此中乱识者，情、欲也。

我们一生都在情与欲中度过，情、欲所起的烦念，充满构成着这一生。烦念持之日久，便产生出一种习性力，聚成一种力势。它就是一股魔力，不断地摧毁着生命。被烦念操控的人，失去主观意志的行为，那是长期被情与欲操控的结果。显然断念，只不过是一种技巧，所有的静坐方法也只都是一种技巧，真正能断烦恼是断情断欲。

能断情断欲，则无所求，无求则烦恼不生，烦念不生，此之所谓静。

心只是心，它无欲，妄心物欲的滋长，使欲随心显耀；心只是心，它无情，妄心情爱的滋长，使情随心鼓荡。此中所生的所有活动与思维，都为妄思妄为。比如灯光，其中的光是通过灯中某些功能程序，从电转化而来，它的真体是电，光只是电之所用。如果光的所为，不断使电损耗，那么大致上称之"妄为"。如果光的应用，使电量得到保持，甚至增加，那么大致上应称之"得道"——那是说知道人生路是怎样走的。我们的言行举止，各种功能、能力，就好像光一样，是内里那"电"之所用，古人称此"电"为心、性、自性、真性。名字并不重要，重要的是知道此"电"此"心"的所在。如果我们的所作所为，是不断地耗损那"电"那"心"，那么，大致上都叫"妄为"。然而我们情、欲之所为，一直耗损着那"电"那"心"，终生如是。大致上，这说明我们不知道人生路是应该怎样走的。

显然，静修是用主观的方法、技巧，通过一定的程度与时间，去使对那"电"那"心"的耗损，在有生之年尽可能减至最少。女人出家为尼，男人出家为僧，大致上，只是一种主观的断情方法。人为情生，人心情为。与世隔绝，主要是男人与女人隔绝，使情爱隐退，后代不续，亲情不生。无儿无女，自然最难断的亲情，不修自断。可见，主观上的方法，技巧是有为的，只是并不是没有亲情或是冷漠无情就是断情。要是这样，那么没有结婚生子的独身人士都断情了。

方法、技巧上或真实中自然所成的断情，其之有为与否，有一个衡量定断的尺度，那就是智慧。这里的智慧不是狭义的智慧，而是指所有的功能、能力与变通。只要那个断情或断欲能够使智慧显耀晋升，那么它是有为的。然而，如果其人之所谓

断情，连眼中一点闪光都没有生成，那么他并没有做到断情，而是绝情了。情断了，可以再生，又可再断，它是生生不断，断断又生，生生不息，这是人类生命之延续。要是绝情了，哪里还会有男欢女爱，子孙后代？

男人眼中的世界，女人比男人漂亮，有吸引力；女人眼中的世界，男人比女人帅，有吸引力。男女之间天生相互吸引，相互支撑，相互制约。生命能量在他们之间对流耗损，这个对流耗损所引发的所在活动、行为，构成男女共享的世界。男女之间，爱爱憎憎。憎后又爱，爱后又憎。夫妻之间，床头打架床尾和，几十年如一日。此为情断了再生，再生后又断，断断生生，无穷无尽。

显然，此不为断情，要知道爱是情，憎是情，恨是情，打是情，骂亦是情。打是亲，骂是爱啊！

世上一切都是美好的，男欢女爱当然是非常美妙的，只是我们容易沉沦迷恋在情爱之中，难以自拔，以致我们太容易在情爱之中做过多的妄思妄为，过多地耗损那"电"那"心"，这才不美。

断情是要断那对情的痴恋，执着，是要知止，而不是绝情。

古人云："食色性也"。很多人以此为由，大肆鼓吹食与色在日常生活中的重要，他们普遍认为讲求美食，享受性爱也是理所当然的，那是上天赋予的天性。

"食以饱为限"，肚子饿了，见到食物就想吃，这是人的本性所求，故为"性也"。只是饱足以后的想吃再想吃，则非为本性之所求，乃是妄心之欲与习性之所求。肚饱了，吃了再吃，见到美食就要吃，要知道肚饱之前的美食在肚饱之后则变为毒食，它是不断地摧残着身体。这是欲在作恶。

要使美食不再成为引诱，那就要知止。要知道饱了，就要止吃，断那对美食的执着与狂热，此所谓断欲。

男女同房之事，天命所归，故为"性也"。只是事后再要，想要，再想要，已非本性之所求，乃情欲之妄求，此求此做只能是在不断地摧残着自身。要使美色不再成为引诱，那就要知止，止断那对情爱的执着与迷恋，此所谓断情欲，而不是绝情。凡事适可而止，不得太过，太过则生其害，此所谓知止能断。

世间之内，病痛之多，为过分"食色"所起，人们滥食滥交，以为常情常理所在，不通其害，而不知适可而止。病者只知其病，而不知其所以病。

通　断

　　断情断欲之举，常人之中，一般只能作为技巧、理念。实际上很难做到。因为，这只是断那对情与欲的执着、迷恋，人本身还是充满情与欲，只是这些情与欲，不再是执着、迷恋者的那沉沦与狂热。**所谓觉者，就是那知情、知欲、知自身的人。此者情不是己，欲不是己，自身才是己。所谓凡夫，就是那不知情、不知欲，更不知自身的人。此者情是己，欲是己，不见自身。**

　　可见要断情，断欲，就要知情知欲，不知情不知欲，无以为断。断情断欲，那是断苦离难。知情知欲，其"知"者乃智慧之所知，那一定是智慧晋升显耀，而通透情与欲的结果。俗称之为"破"。人世之间，能断情断欲，除苦排难者，唯智慧是也。

　　小时候，喜欢到场地里去看农民伯伯晒谷。有一天早上，阳光明媚，农民们刚刚播撒开的谷子，却又立刻收谷入仓。那时候收音机也没有，更没有天气预报。老农说，天快要下雨了，果然半个小时后就下雨了。这么一个大场，全是谷子，要是雨近才收，那一定很危险。那是智慧通了气象，气象不通，则不见雨危，大事不妙。

　　工作之中，充满着问题，我们因之而有方案对策，方案对策周全，则事顺事成，否则，问题越来越多。这个周全就是问题方方面面、前前后后的可能性因素，都是通透的结果，那是智慧在做事。

我们总是喜欢把握着眼前的利益与所有，不易放手，因为智慧的通透力没能透达眼前以外的范围。所以，在不清楚路面情况的时候，总是小心翼翼。在光明大道之上，总是会大步前行，这是通透而能见的结果。

人生的苦难，几乎都在情与欲之内，此之所以为苦难，多是因为情中不知情困，欲中不知欲困。此为不能通情、通欲，故而不能见。通情、通欲则不为所困，通者为通，自然无困，只有不通成困。因此，思想问题，想通了就好了，想不通则生惑入困。

惠力不同，其可通透的层面与范围，就有所不同。惠力在一般层面上的人，经验与学识都是背诵记忆下来的东西，对事对物，不会有闪光的见地。一辈子，都只会行依书照本，搬用古今的事，不会有所发现与创造。惠力一般的人的问题，在惠力较高者那里就会变得通透而不成问题。

俗话说，"三个臭皮匠，胜过诸葛亮"，那就要看他们的惠力是否比诸葛亮高。惠力有高差，那是不能比较的，比较只能是在同惠力层次里。

显然，使人生疑惑，不生困苦的是智慧。困苦不生，此为福，可见人生最大的福报，莫过于智慧，那是福中之福，此福者，大福也！

然而，唯平静是智慧之所成。静定只为静定，它什么都不是，静定之用是以智慧出现，这正好比电与光，电之用以光出现。静定之中好像什么都没有，它是所有中所有。这正如大自然的平静泰定，其中好像什么都没有，它可是所有中的所有。

如果说智慧是大福，那么平静更是大福以外的无边之福，无大之富，它无与伦比。

常人处世，具在情中，可见理不见情。情在内，理在外，情者用情不知情，用理则处不理，只是理为情用而不知。故此，理者实则情之体用，唯情者只知其理，忘乎其中之情用。

梦——念头

梦是美丽而不可思议的,我们的日子很多时都是由梦构成的。当我们回首昨天,那不就是一个梦吗?

梦多出现在睡眠状态,有时它出现在朦朦胧胧的半睡眠状态,又或者在模糊的冥想之中,就像是困倦里的一个恍惚之间,它也可能隐若飘然而过。

不论是睡梦,还是白日梦,它都是由"景"所构成,故有梦景之说。梦景之真切动人与眼耳所触及的感观真实世界一样。我们之所以得知有景有物,常常是眼观耳听的结果。只是梦中景物的历历在目,声音的清晰动人与眼观耳听的功能,即没有什么牵连。

睡梦中,我们的眼睛是闭上的,周围是黑暗的。

白日梦中,当梦景出现时眼睛虽然可能是睁开的,然而眼睛是视而不见的,当眼睛可见可视的时候,梦景刹那间便消失无踪。

显然,梦景一现,眼耳口鼻的功能就都隐退。

梦景,除了它不是眼耳所触及的结果,它最大的特点就是充满着支离破碎的片段,它因此而显得不可思议。

在梦中,你乘坐列车在海上行走,刹那间,你是勇士在战场砍树。事件不合常理,事件的前后没有半点牵连。

当我们警觉地仔细观察每一天,我们就会发现日子是这样过去的：早上起床、洗脸、吃早餐、上班、下班、打电话、吃晚饭、看书、睡觉。

起床与洗脸，吃早餐，上班，它们之间根本没有任何的关系，只是习惯这样做而已。打电话，看书，也只是刹那间大脑里飘出的念头，念头完了，事件也就终止了。

同样，"乘列车去海上行走"是一个念头，这念头完了，"乘列车"这件事也就终止了。

念头只是念头，它们之间不是相互依存的，我们的每一个呼吸就是一个念头，无休无止。我们的每一天都充满着念头。我们每天所做的事都是这些念头的结果。我们只是从中提取重要的念头，加上主观的思想意志，使之得以实行。也就是说，加上理智的主观思维，使这个念的头不再只是个头，而是个持续有尾巴的念。

比如，你正在赶回家的路上，突然大脑里出现了"水果"这个念头，你立刻记起家中需要水果，于是马上改变路线去买水果。在一般情况下，你买水果的"念"会持续到买水果才终止。那是理智主观思维作用的结果。

念头是刹那间的，不持续的，它是人体生命功能之一。思想的功能作用则有不同，它是有路可寻，有逻辑可推，所以有思路与思维的说法。

在清醒状态下，我们的大脑是充满着念头的，只是这些念头不再是些零碎的片段，它们在主观思维的作用下，被不断地持

续、延伸，构成我们每天的思维运作。事实，思想活动的起点是念头，思维是念头的延伸。

梦态与醒态（清醒状态）的最大区别在于我们在清醒时，大脑有相对较长的思想景观，不像梦景的散乱无章。

醒状是具有相对较长清晰思维活动的状态，在这种状态下，念头出现的机会相对减少，继之而来的是较为持续的同一个念。但是只要主观思维活动淡去，大脑就会回到一个呼吸，一个念头的状态。

实际上，我们的日子在相当大程度上，都是在这种状态下度过的。我们都是念头多多，行动少少的。

睡梦是在睡眠中出现，白日梦多在身体困倦，主观思维活动淡去的冥冥状态中出现。

睡眠状态是没有主观思维活动的状态。此时，主观思维功能隐退，身体的运作在本体功能自行操作运行的状态，这样念头的功能没有因身体入睡而隐退，念头仍然会随着呼吸不断涌现。这不断涌现的念头在没有主观思维作用的状态下，本能地连接起来，而联合组成一个持续的梦景。因此，对于清醒状态中的主观思维而言，梦景是虚无缥缈的，不可思议的。

大脑的意识与思维运作不是线性的，它是图像性、空间性、声音性的，充满着暗涌般深沉无息的内音。

念头出现的时候，汹涌的内音伴随着超三维空间的图像从脑海的"无方位"处飘闪而出。大脑里的空间，可以是无穷大，亦可以是无穷小，线性的逻辑思维与推理，只不过是其"无穷小"中的一部分。

我们从小就被教育去以物思物，按着书本文字的路线求学，遵循世俗那些只运行于狭窄心道的道义行事。

这样思维只运行于大脑"无穷小"的那部分，"无穷小"以外的其他部分就不被所用。至于它的"无穷大"，就因长期疏远而不为所知。所以我们的生命旅程只是充满着无穷小的物质、财富与事业，至于无穷大的生命智慧，则变得玄虚之极，以无穷小的智慧去衡量无穷大，又怎会不玄虚呢？

事实上，我们智慧的开发，从开始懂事的时候起，就大幅度被减少，长辈们从那时候起就不让我们大脑有海阔天空，我们也只能跟着书中细节的文字走。我们的思想从此被关在细小的文字空间里，去走其"无穷小"的道。因此，我们的大脑是充满几乎线性的主观思维。都是些语言、文字式的理由与根据，狭夹在窄窄心道暗涌般的内音里。

相对之下，梦即显得开阔，至少它是以"景"的形式出现的。

眼耳口

睡梦中，我们的眼睛是闭着的，只是梦景中，人与物的音容笑貌，历历在目，真切动人。到底，闭着的眼睛用何以视？

当我们沉睡的时候，常常电闪雷鸣都不为所动，听觉的功能好像失灵了。有趣的是，睡梦中的电闪雷鸣，旁人却无法得闻半点。奇怪的是，听觉功能正随人体入睡而隐退，人体用何以听？

不用口尝，而知五味，不可思议，然而这是千真万确的。还记得梦醒的那一刻，嘴边挂着的那些珍美的涎水吗？梦中的食物实在美味！不用口尝，何以知五味？

眼睛是用以外视，耳朵是用以外听，口是用以吃物充饥，显然眼耳口都不是梦中可"视、听、尝"的。

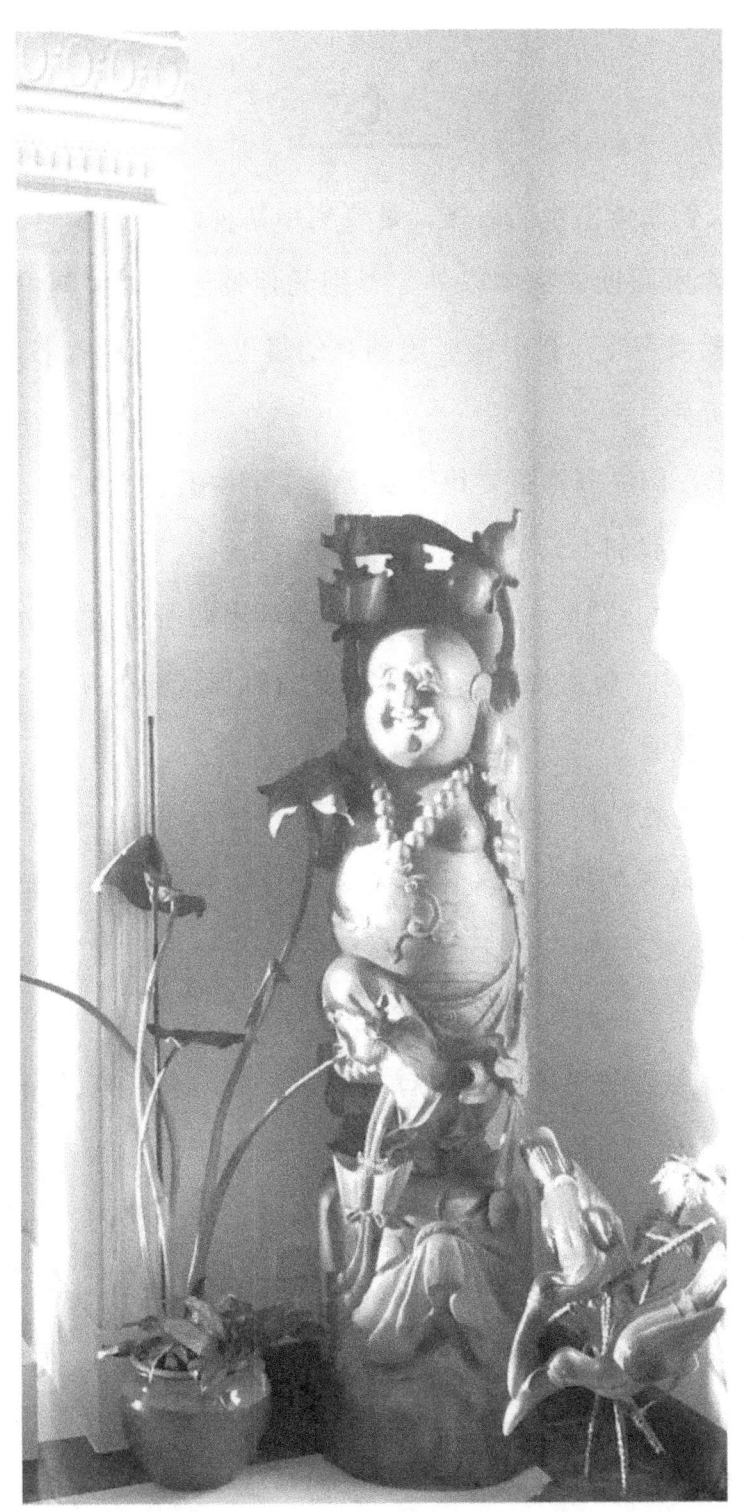

心

当我们阅读书本的时候,是要集中精神。具体地说,也就是大脑中除所阅读的文字以外,要别无他物。只要大脑里稍有他物的迹象或声音,我们就会跑到梦幻里去,眼睛对着书本半天,也一无所见。

看来,阅读书本是要让所要读的文字占据整个大脑。大脑让他物占有,我们不只是视之不见,还会是听之不闻,吃之无味。

我们熟知这样一些语言:用心看、用心听、用心尝、用心做、用心想。众所周知,心不在焉的时候,看、听、尝、做、想、都不灵验。

搬动重物的时候,稍有用心不专、气力不足,事故就会发生;思考问题的时候,没有用心,就什么东西都想不起来。然而,只要"心一到",便无事不办。

也只有"心到",大脑才会有理智的主观思维,理智的主观思维则是用心的思维,心没有被用上,思维就没有路可行,没有逻辑可推。大脑会回到一个呼吸,一个念头的状态。心的警觉到了念头里,便立刻给大脑的思维定出一个路向,大脑的思维活动,于是沿着这个路向工作,直到心意了结。

古人说的好,"心主意向",这可是千真万确的真言。

由此观之,看、听、尝的功能都受心的支配,心被用在看、听、尝的时候,才真正能看、能听、能尝。当心睡体休的时候,看、听、尝与大脑理智的主观思维功能都隐退。然而梦中的你，不只是有眼可视，有耳可听，有口可尝，你还是个充满七情六欲的有心人，可见"心"亦非梦中的"眼、耳、口、鼻"。

我

梦中的你是个完整的你，清醒状态中，你是个完整的你，都是同样的你。不同的是前者在虚无中，以无形体同出现。后者则在感观真实世界中以有形体出现，它们是属于一个人，不同存在形式的两个体。

我们知道无形体的存在。自古以来，人们有听不尽关于梦的故事。梦中的主角永远都是"我"。梦故事中的"我"与正在讲梦故事的我，不正是同一个人吗？

梦中的"我"在虚无的景象之中，清醒状态的"我"在感观真实之内，它们又怎可能是同一个"我"？

轻轻的闭上眼睛，关上嘴巴，温柔的看着自己，然后，用只有自己才听到的内音，高声呼叫"我"。

相信绝大多数人都只听到"我"在脑海里共鸣…

实际上，"我"是从大脑的思想中发出的，它只存在于思想世界里。大脑的思想不也是虚无的吗？从虚无中来的"我"，不也是个无形体吗？

轻轻地闭上眼睛，安然地坐在凳子上。然后尽情地想象自己正在加速旋转，很快"我"就感觉到一种旋转，和一个丝毫不动的身体。

我感觉到旋转，身体却丝毫不动，显然"我"与身体是不同存在形式的两个体。

眼睛就犹如一面镜子,它里面有事物的投影,只是它并没有可看见与鉴别事物的智慧,可看见与鉴别事物的是身体内里的那个虚无的"我"。同样,耳朵听声辨音与口尝五味的智慧,也是来自内里那个虚无的"我"。

某些大脑手术失败的病人,他的身体运作可依靠一些仪器的机械作用,"生存"七到十天,这并不表示病人依然活着,他只是一个"活死人",因为"我"早已离体而去。

身体是有形有象的,"我"是无形无象的。"我"形合于身体,取像于身体而成清醒状态中,感观真实中,有形有象的有形体。当身体这个有形体入睡后,"我"这个无形体并不一定也入睡。

这样,"我"清楚知道梦景就像"我"清楚知道感观真实世界一样。不管梦是以什么功能出现,也不管清醒状态中的感知是以什么功能实现,它们都只是一种途径或工具而已,正如眼睛是"我"听视的工具一样。

不管是梦中的所见所闻,还是清醒状态中的所见所闻,都只是同出一处"我"的所见所闻。

轻轻地闭上眼睛,安然地坐在凳子上,然后尽情地想象,想象自己正在加速旋转。尽情享受这个旋转,旋转,再旋转,直到找到这三部分:

1. "我"感觉到旋转的存在;
2. "我"知道身体不动的存在;

3. 旋转的中心不动点，一直看着，并知道旋转之下身体的"我"。

旋转只是旋转，它不会知道旋转，身体只是身体，它不会知道身体，只有"我"清楚知道旋转与身体。当"我"走了，旋转与身体都不为所知。

睡梦中，你是清醒的，清醒状态中的你，所经历的自然不是梦。

梦醒后，你是清醒的，清醒状态中的你，所经历的当然亦不是梦。

梦里非梦，醒中无梦，只是昨天是梦，难怪古人常道"人生如梦"。

信仰——祈求

拜佛，祈祷是神圣而又美丽的事，有人说在祈祷时与上天谈话了，有人说得到上天启示，有人说病好了，众说纷纭。真正感应到上天的人也好，学会说祈祷是人与上天沟通的唯一途径的人也好，他们都一如既往祈祷。公司？祈祷吧！没钱盖房子？祈祷吧！女朋友不爱我？祈祷吧！生男生女？祈祷吧！

有趣的是，祈祷在人们的日常生活中从没有与现代科学打成一片，人们甚至找不到他们之间有任何相关的地方。祈祷是祈祷的，科学是科学的。人们心中的祈祷多指精神寄托、信仰。病了还是要看医生，心情絮乱，情绪低落，还是要找心理专家。病了不看医生，只是祈祷，通常会被视为不现实、不科学的事。极少人有这胆量，因为没有这个信心。

眼见为实，耳听为虚，这是我们从小养成的信心习惯，科学所行的途径是眼见为实，它都是有步骤、程序，有结果地展示铁证，让我们心服口服。所以生病看医生会使我们觉得有保障，只是铁证之后，我们习惯地会忘记铁证——病没完没了！

人病了，看医生吃药是好事，只是好像不是好办法。医生暂时帮助我们除去痛楚。但是，问题并没有从此了断，今天头痛，明天肚子痛、心慌、一年后胃痛，十年后心脏病。病总是一来再来，今天是医生的病人，你一辈子也将是他的病人，因为你的病日积月累，根本从来就没有好过。

头痛了，吃了医生开的药，马上见效，头痛不见了；头痛了，祈祷吧，好像并不见效，偶尔听说有效的，奇怪的是怎么会有见效的？于是人们视之为奇迹，原因是科学解释不了的。在科学理念灌溉中成长的头脑，自然跑不出科学的包围圈，去解释超科学的。故视之为奇迹，也理所当然。只是，这些理所当然往往将我们的灵感遮盖了，使我们无法警觉，到底为什么有人可以，我却不可以？

祈祷被喻为"人为上天"沟通的唯一途径，这个途径好像点玄虚，不容易被明白。人与人沟通的事，每一个人都会，张开嘴巴与人说话就是了。可也常听说有父与子，夫与妻不能沟通。这所引致的家庭问题的严重性，不言而喻。众所周知，在我们生存的环境里，人与人之间的沟通依存，固然非常重要，然而，我们的生命并不是建立依靠在我们自己作为人的基础上。**人不是依靠人而存在，人是依靠大自然而存在**。大自然里充满山山水水，树木丛林，飞禽走兽。可以与动物沟通的事，我们只有在童话故事里听过，人与树木花草沟通的事，就闻所未闻。显然我们都好像与周围我们赖以生存的事物不能沟通。人与人之间不能沟通所引发的问题数之不尽，有趣的是，从来极少有人会感应到自己与周围事物的距离。至于人与周围事物不能沟通所引发的问题更鲜为人知。奇怪的是，人与上天沟通的事，街知巷闻！

一位老基督徒作见证时说："我每天祈祷，望主保佑我家庭安康，神迹果然应验。昨天我家被盗贼光顾，翻箱倒柜，多谢主，放在箱柜里的几万元丝毫未动。"

另有一位基督徒说："我有个妹妹远行旅游，汽车在公路中出意外，只有她一个人生还，主的恩典真大！"

一位老牧师说："政治是众人的事，故我们都应该参与政治。"这话很有说服力，只是我们很容易会问："众人的事"到底是什么事？

众人的事是衣、食、住、行的事，可是好像并非如此。谁能说自己无衣可御寒、无食以充饥、无瓦以遮头，无脚以行走、都应有尽有？只不过，好像也不是如此，否则，怎么会有这许许多多，永无间绝的问题？其中作怪的并非衣、食、住、行，而是虚荣与贪欲。

虚荣使人看不到自己，贪欲使人不知足；心在浮华的俗世里，祈祷的内容固然充满虚荣与贪欲，上天早已赐给我们所有一切，我们早已应有尽有，还需要什么呢？有了生命难道还不足够吗？

虚荣与贪欲，使我们常常祈祷上天保守财产、事业与健康。世俗的产业，只为造就钱财的事业，都会令人堕入地狱，心只在钱财事业之间，市井之内，早已逆反天道，健康自然虚无，天国更无缘分。

鱼活在水里，它能求水给它什么益处呢？水给它的益处不已是最大吗？我们活在上天所赋予的生命里，我们还要求上天为我们做些什么呢？

重要的是要警觉无求，懂得融入赞美，用心感谢上天所造就的一切一切，不要只摸着书本讲千里以外的大道，而不识尺寸之间的小道；学习去赞美感谢很好，但不要只会说些豪言壮语。最重要的是要成为赞美，感谢本身。我们本身就是赞美，我们本身就是感谢，这样我们的身心，整个世界，从早到晚，从市井到旷野，从山间小流到奔腾大海，都充满美丽、欢乐。我们本身就是庆典，何求之有？

高呼赞美上天很好！只是事后总会滋生出无穷事端。诚然，高呼只是高呼，与上天并无关系！没有懂得赞美身边的一草一木，一人一事，又怎会懂得赞美上天呢？一草一木，一人一事都是上天创造的，赞美他们不就是赞美上天吗？赞美身边的事端，试问还会有事端吗？

当我们只知道向社会索取时，指责、批评、埋怨、要求的事，就不断涌现，于是整个世界都充满矛盾事端，赞美是不存在的。相反，当我们问自己给社会奉献了什么时，所有问题都不存在，因为奉献里不存问题，它充满美好。

当我们只知道献与给时，还会有祈祷上天的事吗？

人与人

我们从小就被教育着去想各种各样的问题,没有人告诉你不要去想,没有头脑那是白痴的事。很多时候,我们都希望静下来,不要思想,可是思想总不听使唤。

想办法去抛离思想,我们只能运转在它里,思想本来就是思想,它不可能成为它物,用思想去抛离思想,永远也只有思想。这正如用水去冲水,当然,也只有水。

在我们成长的不同阶段,我们总有很多不同的思想,我们对同一件事的看法,也时常会有所不同。今天各持己见与朋友争论一番,明天可能又站在进步了观点与另一朋友辩论一场。每次我们的见解对于自己都是对的。这样看来,这些见解便犹如一个死胡同,我们站在那里跑不出去。另一种见解来了,我们是跑出了前一种见解,可又落入另一个死胡同里。人的一生好像都在那些死胡同里挣扎。

我们总喜欢用自己的见解去批评、论断他们的见解,站在一个死胡同里去指责对方为死胡同。如果不是站在一端去看另一端,怎么会有异端(不同端)的事?古人云,"说是非之人,是非者"。批评异端的人,不就是异端吗?上天在上,不知是否你所站的地方才是敬拜上天最好的地方?你不放弃自己所站的那端,又怎会知道另一端?地上本来就没有端,你站在那儿,就说有端了,端从何而来?

人与人沟通的方法可以是语言、手势、身体的动作、眼神、脸上表情、行动，等等，它们都是为了清楚表达人的思想与感情。

两个生意人之间在生意上的协议是清清楚楚的，他们都各自反映了自己的思想。只是他们在各自的生活中并不一定有对方的位置。这样看来，如果人与人之间的沟通只是去反映协调各自的利益，那么这种沟通是很自我的，承受不了他人的存在，人与人之间的空间永远是一个空间，灿烂、美丽、温暖、庆贺的事不会发生。因此，生活之中，常常有是儿子，而是不识父母的儿子；是丈夫，而是不知道何为丈夫的丈夫。因为在他们沟通的过程中，思想起了主要作用，感情并无位置。

思想是理性的，他要求理由与根据，感情是感性的，他里面没有理由，也没有根据。所以当一对男女堕入爱河，他们的所有就是爱，无论他们做什么都充满爱的感觉，此时思想是运转在感情里，他们是幸福的。

然而训练有素的思想往往会阻碍感情的发生，充满理性头脑的人，条理非常清晰，他们只用理由根据行事，对人处事不讲感情，他们的生活是运转在思想里的，他们与幸福没有缘分，因为幸福是只属于感觉。

感觉是人身心的一部分，他不可能被学会，只能被形成。我们感觉想哭就哭，喜就喜、悲就悲，它来去自如，人创造不了它，也挽留不了它。它那里没有知识经验，它不属于思想。感觉是无对错的，它无好无坏。它是心灵对周围环境反映的结果，就好似掷石令湖面泛起波纹一样，它是美丽的。

感觉是属于心的，来自心的感觉与来自思想的感觉，同时又是较难区分的。我们很容易以假乱真，搞不清哪是思想，哪是心的？

一位朋友听了几堂《圣经》的课，就告诉他人说不要拜佛，然后说出一大堆理由，他所说的都是有理由，有根据的，他那见佛不要拜的感觉自然是思想的。要是有一天你遇到一个小孩，被车撞倒在地上，你马上伸手去拉他，双手抱着他，你也不知道自己在做什么，你是有福分的，你那没有思索的救援是属于心的。

用思想感觉做事的人，都清楚知道自己所做的，而用心的感觉做事的人，从来很少知道自己所做的，因为他所行的是这样自然。自然而然的做作在日常生活中，我们往往是无法察觉，那是我们的心路。经由心路交通来往，是人与人之间沟通唯一最美丽漂亮的途径，所以一直以来，人们一直推崇、追求真心诚意的交往，赞美诚实。

人与人交往的诚意来自心，在诚意里运转的思想，所做出的举动都充满诚意。那些举动本身就是心路，心路所到之处是无限美好，他使人与人之间的空间充满美好。可见，人与人的沟通应是心与心的沟通！只有这样，人与人的关系才出现全圆美好，人在人之中得着找到，上天所赐，作为人最大的福分。

至诚无息无念。它不在理念之内,而默藏百理千机,它无息,而息息不断·;它无念,而念念归根。此至诚者,正念也!

人与草木

真心诚意的交往是会产生感情的对流，使爱心显露，我们与亲戚朋友的关系都是由爱贯穿起来的。爱意味着献与给，爱里没有私欲、纷争、怨恨与虚荣，那是一片欢乐的净土。父母的爱在于他们一生对儿女无私的奉献。几十年默默的耕耘，夜以继日的劳苦都倾注在儿女身上，哪里有父母享受，儿女没有的？贫困时，永远也只有父母饥饿，儿女饱足的。儿女的爱是表现在对父母无上的孝与敬。父母是要歌颂，儿女是要赞美，颂赞他们在爱里相互依存。

当我们对一个人漠不关心，我们是无法了解、知道他的为人。当我们对一些人提出批评，我们是无法得到从对方反馈过来的好信息，我们是自我封闭的，不能沟通的。

当我们没有用心去欣赏一朵鲜花，没有感觉到它的美丽，我们是无法知道它的美丽。尽管旁人大赞鲜花的美艳，我们都只会是无动于衷。而当我们带着爱的眼光去欣赏鲜花，它会不断地向我们显示它无限诱人的风采与美丽，让你百看不烦，饱尝不够。更奇妙的是，同时你会发觉不只是你欣赏鲜花，鲜花也正欣赏着你！

有了爱心，我们的灵性就会升发，我们会相互懂得知道对方的心意，而不假思索，这些相互对流的信息是这样丰富、自然，以致我们无须通过任何语言或方式，去表达与其周围的事物之间，发生在人与上天所赐的这个大自然之间。

有了爱心，慢慢我们开始懂得欣赏周围的一草一木，去呵护它们，去爱它们。这样所有的花草树木，山山水水，就会不断向我们展现它们无穷力量与生命的奥秘，天地智慧之门自然敞开……原来我们与天地是一体的，我们不是单独存在的！上天从来就没有离弃我们，是我们自己将自己隔离起来！捆绑起来！

面 具

祈祷是神圣美丽的，它要使我们与上天沟通，就必须先将我们身上的捆绑松开，不能解开捆绑的祈祷只能算是我们自己的祈祷，无论我们怎样高歌上天的美丽，与上天都毫无关系，因为我们仍然是被捆绑着。

开心的时候，我们面上就露出笑容，美丽而又灿烂。然而，当我们在开心地笑着，突然来了点心事，又或者笑着来思想，我们会感到这个笑脸凝固，不自然，好像被什么东西捆绑着。是的，那是被思想捆绑着，被思想捆绑的笑脸自然是个笑脸，我们可以对自己说："我是在笑的。"我也可以告诉别人自己是在笑，只是我们笑得很生硬、勉强，脸上的笑容就像一个面具。是的，那不算是笑，只算是个思想面具。人们都喜欢带着这个面具与人交往，致使在我们生活的范围里虚假处处，人与人的沟通也要用些特别的词语来强调要说的是真话，我们会时常听到旁人说："听我讲，是真的。""我老实告诉你。""这是我的心里话。"好像他们平时的说话都不是真的。这确实恐怖，只是很少人会发现这个恐怖，因为很少人不是恐怖者，很少人不是假面具的持有人。

带着面具的人总喜欢告诉别人，那是他的真面目，可怜的是带面具的时间长了，习惯了，连他自己本人也以为是真的，他再分不清真与假。这样，他要除掉面具，的确需要有登天的意志和信心。

"让死人埋葬死人"

尘归尘，土归土，人身死后归故土。我们都亲眼见到，人死后入土安身的过程，可好像从来没有人亲眼见到人从泥土中来的过程。再者，人以其无限高的智慧凌驾于一切一切之上，又怎能与泥土同流？

婴儿从母体开始吸收母体的养分以生长，他呱呱坠地后吸收大自然的养分——生命力以生长——空气以呼吸，水以饮用，食物以充饥。

一棵树死后，水分慢慢蒸发，然后慢慢干枯成为泥土。苹果从树上掉下来后的命运，同样也逃不过腐烂成泥。人食用的所有食物都是由生命＋水＋泥（简单而言）组成的，当其生命失去，水跑掉了，剩下的当然只是泥土。

人死后，身体的水分被抽掉，身体只能回到"故土"，再接受被改造。这样看来，我们都目睹人体从泥土中来的过程。人体是从泥土中来的，再回到泥土中去。可见只追求满足身体享受的人，不是在追求泥土吗？

泥土是永远属于泥土的。人生在世只知道在钱财富贵、地位权力、荣耀得失里奋斗，心志只在尺寸之内、市井之间，这样"天分"早已丧失，剩下的只是"地分"了。钱财本来就是泥土，泥土的生命不就是在地里吗？

人与人之间，国与国之间，为了争夺钱财、土地不断战争，互相侵杀；人以人的生命来换取钱财、土地；人以人的生命来换取其思想世界的主观感受。钱财、土地为死物，只是人们常常视之高于生命，将前途放在死物上，为死物而战。这不是虽生犹死又是什么？人为灵物，活活泼泼，当人的心志放在钱财、土地这些死物上，其灵性泯灭，不再复现，虽生尤死。故此为了得到钱财、土地的人与人之争，其实正是死人之间的斗争。

所以耶稣说：让死人埋葬死人。

花　圈

人死后不久，身体便变成泥土，既成泥土，为何又要敬拜死者？泥土之类，怎会是我们敬拜的对象？

诚然，我们的那些葬礼、仪式、拜祭等都是为了悼念敬拜死者那离躯体远去的魂魄，为之减罪、超度，望之得以升天。

我们常常向着死者生前的形象，呼喊他的名字说："安息。"那是希望死者的魂魄得以安息。要是我们不相信魂魄的存在，那么，我们为死者喊什么？唱什么？悲什么？

祭礼、拜祭之举，许不都是自欺欺人之事？

既为魂魄而动，以牛羊猪狗，鸡鸭血肉之躯的祭典，当然不适。

魂魄不以血肉而生，乃因血肉之躯而亡。人因苟求身体而亡，故杀生只会加重死者的罪孽。

牛羊猪狗，以大自然的鲜花野草为食，以成其身。人的身体归根到底，亦出于大自然的鲜花野草。鲜花野草的生命力都很强，大自然正是凭着这无穷无尽、生生不息的鲜花野草，孕育着我们的生命。

情欲与习性在内，事理居外，常人处世，以习性行，以情、欲之动为推为力，忘乎情、欲与习性，唯据理而行，再之情、欲、理、习性四者相冲相用，而出人生百态，世事无常。

鲜花之意

有一位牧师严厉地说："基督徒决不可烧香拜佛。"

这使我想起一位年轻的女教徒不肯在新死的母亲灵前上香的事。上香给死者，那是中国人几千年的文化传统，女儿不肯给母亲上香，对于在世的父亲而言，当然是天大的不孝之举。那么，这是否一定是拜偶像呢？

当你觉得烧香就算是拜偶像时，你不能烧香，否则，你不会放过自己，你会因烧香而寝食难安。"基督徒不能烧香拜偶像"已成了你思想中的戒命，约束着你的言行举止，然而愿意受这些戒命的束缚去求道，确实是一件美丽，值得庆贺的事。此中的信心难能可贵。

一束鲜花，可用以表达爱意，亦可用以表达对死者的敬拜之意。焚香可用以驱蚊，亦可用以拜祭死者。这要看你用花或用香时带着怎样的心思。花与香都是美丽的物件，物件本身就是物件，它不具有任何感情色彩、思想意义，它所喻的意义是要人的思想赋予。

当一个人向死者献花，而心中并没有敬拜之意，他所做的，只不过是给别人看的仪式，他的献花是没有意义的。真心诚意敬拜死者的人，是用心来敬拜，他可以用花、用香、用草、用饭，或是任何他喜欢的东西，只要他们用心敬拜，不论那是什么东西，在他的思想里都充满意义，因为他已经付给了物件自己的心思。所以，烧香也是要看你带着什么样的心思。你心中充满上帝，所烧之香是给上帝的；你心中树有偶像，那当然是给偶像的。如果你心中只有上帝，世间的一切该为泥土，那么你的行卧起坐都是在敬拜上帝。插一支你喜爱的香在地上，当然也是非常美丽的事。

你的信心充满天地，哪里会有偶像的位置！你尽管入乡随俗，焚香入寺，你什么都可以做，也可以不做，你是自由人。

信

一切一切都是由"造物主"所造，这"造物主"可被说成是"天""上帝""神""道"或者是我们喜欢的任何一个名字。

名字本身并不重要，它只是一个符号，重要的是它所被赋予的意思，只要它所被赋予的意思相当于"造物主"就足够。

屋是人造的，车是人造的，电脑是人造的。

我们每天所碰到的东西几乎都充满着"人造"的味道，按着这个造物的逻辑，自然花草树木、飞禽走兽，包括我们人类在内，一定也是由"什么造的"！

"造物主"这一名字，相信是这样跟随着我们人类，造物的逻辑思维而来，它因而富有着人类造物的样式，易于被我们所理解。

一般人的智慧所能理解领悟的，不过于有形物体的造与被造，至于"无造"与非被造的创造，则为玄虚之例，无可奉告。

理智的大脑易于领悟"造物主"的内涵，其实只是理解了我们人类造物的样式，对于发生在大脑思维以外的天地造物，则难以知晓。

天地造物是演化形成，行藏于变化之内外。

"以造物主"，这样富有逻辑的说法，难以看到这个变化。

以道来理解"造物主"的内涵则别有洞天。它可以从根本上打破大脑思维的局限，超出大脑思维的样式，悟天地有形无形变化造物的样式。

因此"道"中的真正义难于领悟,只是它比"造物主"更能使人感悟天地造物的奥妙。

道是真实存在,存在不可传,只能融于其中。道之可传,实为学问,非为道。

如来是佛,如来,如来,意思是"就像来时一样"。生命到来的样式,就如同它的到来一样。这样一个"与来时一样"就是生命的本体,俗称为佛。所以众生为佛,佛则为众生。

佛无处可寻,得生命之"如来"便立地成佛。

"如来"与"与来时一样",这是真实存在的样式,是道之所在。"如来"生于"道"中,"道"寄于"如来"之内,"如来"是佛,佛则为道,故有佛道之说。

佛道为真实存在,是天地万物与其生命的本体。这与我们主观上只发生在大脑思想世界之内的"信与不信"并无关系。

母亲所要的只是一个与自己亲密无间、和合而一的孩儿。假如有这么一天,你对母亲说:"我信你是生母。"这意味着什么呢?

距离,这只意味着距离!

"我信你是生母",这其中的"我信"出于你口,裁决是否生母的主人是"我",而非生母。

生养你的人难道不比你更清楚这件事吗?

为什么要"你信"来确定你与母亲的关系?

这许不是大逆不道！

生养我们的是母亲，是这个天地；生养这个天地的是另一个更大的天地，俗称为"道"，难道要你"信则有，不信则无"？

我们是不是已将自己看的比生养这天地的另一个大天地要大些？

我们被生了，便是生命体。这个客观真实与我们主观上的"信与不信"并无关系，主观上的"信与不信"都是多余的，因为这完全改变不了我们被生的事实。只是"信自己为生命体"，要比"不信"较接近真实存在。可见，"信"总比不信要强。

"信"是路向，是力量，我们也只有凭着"信"才能靠近理想目标。只是当我们达到目标的时候，"信"便消灭无踪，所以，我们只会听到未成为医生的人说"坚信自己一定能成为一个医生"，从来就没有医生会说："坚信自己是个医生。"

从来也只有不明身份的人，才会有"信与不信"是否生母的事，哪里会有身份明确，乐在其中的孩儿说道："信母亲是生母"的！这是如此的多此一举！

因此，了悟生命真谛的人，没有信与不信的事，他们已经融入其自身内里生命。

人的身体对于其那"真性"是家，主人"真性"就住在里面。无论人于何处，身体与其真性都为一体，所以有出家在家，也无所谓出家在家。

家无主人，不是家，有家无主亦非家。身体与真性本为一体，无分彼此。俗称"出家"应指抛离身体，心与性合；心无身体，自然心无所用，即无所束缚，这样可以说是心出家了，其实亦是回家了。故有所谓出家在家，亦无所谓出家在家。

无　明

见从佛者时而集会，高诵佛经，心中颇为感动，难得啊，难得！

可见我只能道出"难得"两字，剩下的只有"无奈"。

凡"理"者，不为"真"，理是用以助人得"真"。语言文字中的鲜花，不为鲜花，只为语言文字。书上的道理文字只是道理文字，别无他属。您若当那些道理为其所指的实体，您将永远被文字的理念所困，变得离真实越来越远。

脱离"真实"，盲从自我的观念，往往是无明所至，而盲从又不断地制造无明，无明又生无明之业碍。无明在盲从的人看来，是如此通明，以至处处导人求神向佛，行善积德，只是到头来，剩下的亦只有"无明"。此中的善德，在无明之中，只能算是一点善根，此外，别无大用。无明者不知其行为之所以然，只是人云亦云，人行亦行，行为做事多在谜中，可从不以为被谜，此行径者，迷信也。

无明者，导人向佛，通常也只能导出另一个无明，古往今来，向佛者无数，得佛道者却少之又少，何故？

无明者导无明故！

常人向佛，只崇尚其理，多不喜佛其人，所喜之佛，不过乎其意想中之佛。真佛者，一定是常人理念思维以外的人，他的言行举止一定不在常人的情理之内，而常人只能接受其情理内之人，至于不在常人之例的人，则为怪人。所以要向佛，一定要有成为怪人的思想准备。

无论如何，至少有一点是可以肯定的，只要您的思维与观念大众化，那么您在修佛的路上，是所得无几。

文字中的鲜花，不是鲜花；只有阳光中的鲜花，真实不二。见佛是忘记经文以后的事。

经文与其他所有文言的功能是一样的，只因其寓理阔大、精微、通达而深刻，不在常人所理解的能力范围内，故而显得高不可及，再之无明之众推之又推，于是玄之又玄。

不知经文的意思，而盲从高诵，刻苦用功。实际上，与刻苦高诵一段美丽的文言文的功用是近乎一样的，当然您可能在将来的某一天，因某一句您已熟悉多年的佛语，触景而生觉悟，那也只能归功于您日久功深的修持。至于那常使您感到意义深刻的，是众人无明者相互认同与鼓励的信心支撑。

无明者之中，事事以佛理为根为据，只是所作之事，因都在无明之中，故都不为佛事，只算是无明之事。

"明"了才真正知道所作事事，佛门以"明"佛开始。"明佛"才真正懂信，不"明佛"，则信不正。"明佛"始为正信，正信者，佛门之始也。

事理不明，则百事生乱；佛理不明，则乱佛事。实际上，"明佛"也没多大用处，最重要的是证得，不能证得只会高诵佛语，解经套义，也只落得个一无所用。

明佛者多不言佛，证得者更不知佛；只是无明之众，处处集合高唱佛义，何故？明佛者在心，心静始能明佛，心静必虑少，虑少则烦恼不生；烦恼不生则无言。言多者，烦恼也、虑也。此则，离佛道远矣！

无明者言佛，实为观念；无明者论事，实为不顺心之事；观念强，事理多；眼耳所及之事，与自己的所知所识，多有冲突，往往佛理满天，此者，烦恼也。

明佛者，必生有大慈大悲之心。此心，路人不见，明者自知。明佛者言佛，是心性直说，慈心之体用；证得者言佛是真知真见，真知真见中富有景、物、情与理，如以观念理序视之，则不见其言之大体；心性没有理念中的逻辑套路，以理视之，见乱，而不见章理；以心视之，则井然有序。

就经文而言，通晓其义，不过乎明理树念，使观念得以行正。然而正念之生，缺乏至诚之心的护养，正念亦不过乎烦恼，烦恼者，自然不为正念。

至诚无息无念。它不在理念之内，而默藏百理千机，它无息，而息息不断；它无念，而念念归根。此至诚者，正念也！

故佛法的修持，是讲究在人伦百事中，先站稳脚跟，至诚敦厚，无悔无怨，方才谈论修真悟道。现在的人，什么根基都没有，读上几段经文，又不明其义，就高谈阔论，为人指点迷津，造说出种种无明业碍，此举不为修身养性，而实为破身坏性。

何故，无明者，导无明故！

喜欢谈论佛理的人，首先必须要学会见人不论佛，将流至口边的佛理，硬生生地往回拖，将佛理观念断掉，也就是将那对人对事的看法，断然截掉，将那观念止了。观念止了，则佛理不生。佛理者，烦恼也。见人不见佛，见佛不见理；再存诚墨守，此为真修佛法第一步。

苦

生老病死之生是身生、老是身老、病是身病、死是身死，此四苦为身苦；爱、怨、求、欲，此四苦是妄心（思想意识）之苦，生老病死是因妄心（思想意识）的爱、怨、求、欲之苦的业力积聚而果报生苦，如果妄心（思想意识）不造业，那么，身苦就会相应减少。也就是说，身体的病痛归根到底还是思想意识造的，所以，解决身体病痛的根本还是在解决思想意识的问题上，只是我们凡人的思想意识总是不断地在作生命以外，围绕七情六欲的妄思妄为，这样我们的思想是在不断造业使身体生病，但又没有能力消除业障，使身体不生病，于是，就有借助外力就医的做法。

于是，就有了就医如入牢受刑的事！

常言之"苦"，多是心苦，不是身苦。心有执着所求而不应，而生苦。当我们感到苦时，言是苦，不言亦是苦，此中满是执着。我们累了，坐一会儿，很舒服，只是坐久了，就会不舒服；喜乐时欢笑，笑多了又会累；肚子饿了喜吃，然吃多了又会肚胀……这叫身苦。这生理上的苦会烙印到我们的感知意识里，应生出相应的对人接物的心态与思维。同时，心态与思维又指导引领着身体去完成她们的感觉与意志，这样身体被疲惫受损，相应地应生出种种不同的身苦。比如，腰疼腿疼，这个痛那个痛，都是心思意念的要求，而使身体应生的苦业，身心因七情六欲的所求，应生而起的苦业，不仅仅应生在自己身上，同时还应生环绕在我们存在的时间与空间，此中的业力流展主宰着我们的命运。苦根是妄根，因妄思妄念而生附在我们的自性上，而使我们无法感触自性，以致自性几乎都变成了道听途说的事。

　　肚饿了就要进食，然而，也有通过修持而不饿，或进食很少的人士，他们的身苦就远比我们少，他们的身体比我们的身体要有更多更大的自在，可见苦是可以通过修持而减少或去掉的。当然，那同时一定也是心苦不断减少的结果。

　　常言之"善恶"，多是心体的善恶，不是身体的善恶。心有七情六欲的执着所求，再有贪嗔痴慢疑的逼迫，应现善恶好坏，而生苦。当我们感到苦时，言是苦，不言亦是苦，此中满是善恶好坏的执着。我们的身体是住在心态里的，心态就是五脏六腑的空间与气候，心态的美丽温和就是这五脏六腑的所有，只有当心态将周围的所有，美化了，五脏六腑自然也就被美化，身体才被健康……心自在了，苦自不现。

　　心苦则苦，苦行者，如能破苦成乐，则成乐行。遇苦破苦，那是智慧穿越的成就。用身心力行的方法，去道破苦根，比现行世上只用思想知识认道的方法，不知要强千万倍啊！然而，现代苦行僧的所作所为，却也无法与佛祖时代的苦行僧众相提并论，现代的僧众已被圣化，早已被世人仰着看。世人对他们的施舍，已被视为一种福德善举，世人再没有用他们对待一般乞儿的眼光方法与态度，去对待他们。如果这些苦行僧众，能脱掉那早已被染上圣色的僧袍，换上普通人的衣服，再去行乞，通过体验，再去再能通透世态炎凉的根本，道开心性，自然就能体察佛祖带众行乞的苦心。

苦是一种感觉，喜怒哀乐也都同是感觉，人本身就是那一种"能感觉"，这所有的感觉都只在起心动念之间，仅一念之差。

意识内有缘生缘灭，自然就会有好坏对错、有悲欢离合；意识清明，生灭不现，世间事事，当然都只是过眼云烟，所以说：万法唯识，识外无境……

力 行

你言简意实，明显着你的个性，只是言词间，却充满着，甚至可使人触摸到的，一种沉重。现实生活中，你选择逃避，那是你主动地将自己，推离你周围的亲朋戚友与你所熟悉的环境。这人与地都是你的至亲，人为情生，生为情物，情系而有人世，你留情避世，物去人非，然情真依旧。人一生，物一世，生喜死悲，悲喜交集，你避世而生悲，那是失亲无助之痛，它方之失，当无悲事可言。世间事事，皆为心事，有心则有事，无心则万事不备；喜是心喜，悲是心悲；喜者爱身健长，悲者恶身恶长。你字句韵味沉重，那是悲心所至。悲心运济，化之于身心力行方转，化悲成力方行。

人的运行是思维与行为的运行。思维是方法，路向与内容，它是从大脑长出来的，它是虚的。行为是心力加持推动身体力行的结果。此中，心力是身体力行的根本，它是实的。心力不足，所剩下的是一无是处的思维；心力再少，正思维就越少，胡思乱想就越多，随之而来的身体健康问题也越多，因之而来的社会问题也越多。思维丰富深广，一事无成，那是思维没有得到足够心力加持推动，致使虚不能变实的结果。正确的思维与心力是正能量，是基础。

庄 园

庄园之内，野草丛生，林荫夹道，山地悬壁，上下错落，亭台柱架依山势起伏跌宕……山地林间，幽美之中隐现着一种仿佛会跳跃的野乱，与充满人文气息的亭台柱架融聚。刹那间，一道古朴幽雅，脱俗飘逸的景致，腾住空中！

依山顺道而邀，放眼望去，只见一位贵族高人，远离大城闹市的俗世，在荒郊野岭之地，依山傍水，辟地造院，入住山野与林乱相交……野乱中脱俗，人文建筑的严整于野乱之中，野而不乱，乱而不野，再而，清明高雅……

实在是难得一见，梦游诗一般的人间佳境！

2019年8月24日于悉尼

死 河

也不知怎的，恍然之间我变成蚂蚁了，半梦半醒之中我正想行走越过一条公路。突然，一个蚂蚁警察急速地向我走来，指着路边的一个大告示说："你这见死不知死活的老东西，你不见这上面的大告示吗？死河，不能过！我抬头一看，这告示上全是我们人类的公路地图，其中还清楚见到中山路、博爱路等什么的。这路我可每天都走，只是怎么就成了"死河"了？早上是醒来了，只是我好像还在梦中……我们人类的公路建在万灵万物公有的大地上，公路的的确确是我们很多另类众生，如蛇虫鼠蚁等类的死河。

是非之地

  人者多类，问题中心者，多为问题造就者，是非曲直，恩怨情仇，满天遍地。此者，是非之地，不宜久留，远离为妙，否则多为所累。鸟类择木而居，人者择优而聚。交往者多类，近朱者赤，近墨者黑。常有所遇，根草小民，市井之族，无惊天之能，满载是非，触之则及，怨气如山，难以教化变改，避之则吉。处世之道，与其说要改变是非之道，不而学会远离是非之道，宜交则交，宜避则避，宜断则断，而后，坐落清闲，游然自在。能掌握此中分寸，逢事进退自如者，能断者也！

  烦思妄念的积聚，是苦难的叠加。意在四方而念隐，意在一方而念现，意欲大则念强，意欲小则念弱……

  智高理大，言深意重，智窄理小，言浅意薄，两理相对，各各乱语。

  2014年6月22日深夜

所知量

我们的眼睛、耳朵、鼻子、口舌、肉体与大脑的意识思维，都有她们各自的行为习性。眼睛所好的美色，耳朵就无动于衷；耳朵喜爱的音韵，肉体只有是一点震动；口舌品尝烟酒多了，就会出现嗜好，往往无法抗拒烟酒；肉体所能感受到的冷热，眼耳鼻舌，却又好似各不相干。只是我们每日所喝的那一碗酒、那杯咖啡，往往是那么的必不可少。时间到了，这酒与咖啡要入口，身心才会安乐地过上好日子。于是，好酒的人，就会有一堆与众不同的酒论；喜音者一派音律妙语；热爱健身运动者，对健康会颇有感言……这样，**"眼耳鼻舌身"各自的生理喜好与习惯的行为，同时烙印在我们的心田里，使各自大脑的意识思维出现认同与共识，我们的所知量与分别心从此应现，因人因事产生出种种分别。** 这些从生理活动习惯而来，受生理活动认可支持而成现的心理活动与其所浮现的大脑意识思维，它们不仅坚强固执，还很有力量。

我们的所知量是应"眼耳鼻舌身意"的触觉而缘起应生的，视觉好的人与视觉微弱者，因眼睛触觉所缘起应生的所知量不同而有大脑意识思维的不同；聋人与正常人，也因各自听觉所缘起应生的所知量不同，而致大脑意识思维的不同。这样看来，**我们的所知所识都因我们自身各种器官感应触觉功能的强弱，以其所缘起应生的所知量的不同而有所分别。**

人生的价值与意义常常是思维所赋予的价值与意义，如果我们所知量所满载的都是七情六欲，那么，我们的人生意义就只能是七情六欲，这小范围内所苦心经营的家事国事天下事。只是，这与我们所被赋予的身体与生命距离得很远，以致我们只能觉知到七情六欲之内的世间事事。我们常受周围事事的困扰，那是我们本身就是周围事事者，逢事如能常站立在生命的高度去取舍。这样，周围事事常常会是儿戏乐事。

烦思妄念的积聚，是苦难的叠加。美丽言辞的美丽，在于它充满着创造功名利禄的能量，迎合我们向往功名利禄的心思，而这种心思的成就，就在功名利禄上。这样，迎合这种向往思维的言辞。都会是充满正能量的言辞，不迎合这种向往思维的言辞，自然也就是充满负能量的。能量因迎合心思而被心思显正，亦会因不迎合心思而被心思显负。这样，**充满迎合心思正能量的言辞，无论境遇如何，都会使我们感觉美好，只是，这种美好，她以生命以外的功名利禄为中心，使我们耗费身心的能量去造就，这样，无论功名利禄有无成就，对于生命，我们都将一事无成！**

道理我们可以谈论一辈子，我们都可以是满腹经纶，然而，遇事却会总是那么的触境生情，我们的世界总会是充满着是非曲直，善恶对错，恩怨情仇。那不是主观理念的问题，那是内在习惯性意识与潜意识，甚至自我心性的问题，不在这些面上下功夫，而只学会谈经论道，那不只是一事无成，同时也是一个有知识的无知者，总是学而不知所学。

随着年岁的增长，我们自身器官的各种功能渐渐衰弱，对同一事物，其感应触觉所缘起应生的所知量，不但会渐渐减少，甚至，对同一事物的认知也会有前后的不同……

也不知怎的，以前常吃的东西，变味了……那声音怎么这么的小，不清楚……本来几分钟做的事，都半小时了，还在做……

这样，慢慢地，我们老睡了，触觉也睡了，没有感应触碰，缘也就没了，灭了……只是，当婴儿来，感应触觉来了，又缘起生现有所知量。

各类同居地球的生命，就是这样，因各自感应触觉所缘起应生的所知量不同，而居住在各自的世界里。这样看来，我们的世界是应我们的所知量而生现的。只是，我们的所知量是触觉缘生的，触觉对于我们人类，它是幻起的，犹如镜中花，水中月，没有任何形神迹象可明可现。那么，**归根到底，我们所知量所认知的世界，一定也是缘起幻生的……它因所知而真，因所不知而幻！**

智慧真言，心量阔大者的言行，只是到了心量浅窄的我们，却都成了圣举高论，几生几世，无可翻越。那是因为我们永远都只在理论字言中推研，而从来不想办法去将心量扩大……

生命存在的意义与美好，需要美丽的梦想与希望去引领扶持，由此而引生的好心境，会使我们的世界变得越来越美，更重要的是我们的五脏六腑会在美丽的心境下变得越来越健康，这样身体内外和美，才真叫美！

绝望与悲伤所能带给我们的刚刚与此相反，身外所及都是死灰遍遍，身内五脏不振，百脉欠畅……哀莫大于心死啊！所以，不能绝望悲伤。

思维是从生命里长出来的，那里出不了生命，用思维找寻人生，身心不但一无所获，反受无尽烦恼执着困扰。在言语文字的书论中参修，往往是从一种烦恼走向另一种烦恼，从一种执着变成另一种执着，那就好像谈论健康一样，我们可以通过书本或探讨，得到不同的认知。然而，只要体能没有提高，我们的所学所论只能算是烦恼执着，这与人体健康的进升，不但没有关系，相反，这更会使人体健康下滑。

生命是一种存在，它平等正大，七情六欲是它的浮萍，浮萍溢发功名利禄，而我们都喜欢在浮萍上随波逐流，论成败颂英雄……

生命者，风吹草动之者也。它无去无从，而又无所不从！

2016 年 12 月 18 日

心小德大

有恩就有怨，有贵就会有贱，会感恩珍惜的，自然就会看到忘恩负义，不知轻重的。心中无善无恶，无好坏对错，这样，平等心出来了。好像也不然，此时，我们无记的习性，还会在有意无意之中，作出种种善恶好坏的分辨，情绪还是会上面造业！

事者心造，无心则无事，有心则万事备。净心空明，如阳光之下，事无大小，无眼耳鼻舌身意，此中慈悲，如母爱之不宣，而乐坐满庭；又如，大道之不宣，而生生不息……

心中满是美善，生是美的，死是美的，美善满满的，自然没有恶影，有恶影，那就不能说是心善了。心量窄小，就会见到举足轻重，道德高深的人，而真正道德高深的人，心量如天，无任何道德高深可言，在世人面前，就如一个不知天高地厚的小童，可见，心小德大，德大无心。

用我们的思维去衡量大与小，在心量如天的人面前，我们的思维所触及的空间，无论是深度细度或广度，它的整体性都是小的。这样，我们所谈论的大小，其实它本来就是小的。可见，心阔无大小，说大道小，那是心小不见大之故。

心量大了，就会见不到别人的善恶好坏，心中无善无恶，我们才会放过自己，这样我们临终离世，就会入睡沉香，如过入仙场一般，美丽得很啊！

心小德大，德大无心，天大无德。心阔无大小，说大道小，那是心小不见大之故。心量窄小，就会见到举足轻重，道德高深的人，而真正道德高深的人，心量如天，无任何道德高深可言，在世人面前，就如一个不知天高地厚的小童，所以说：心小德大，德大无心。

无 明

猎人在山上装好了笼子,在笼子里放上些肉。不久找吃的动物来了,环顾四周,然后非常聪明地走进笼子里去吃肉,然后又不知为何,笼子被关上了,成了猎物,被猎人杀吃。

笼子里有肉,还有个开着的门,正常人明眼一看便知是陷阱,这就是"觉";动物明眼一看,只知有肉,而不见祸害,这就是"不觉",也叫"无明"。动物要有人的觉悟才能消除这种在祸害面前视而不见的"无明"。

我们住在功名利禄的陷阱里,只见到功名利禄,此中的祸害视而不见,实实在在也是"不觉"之下的"无明"。对不觉者谈论"觉",让无明者"明",常常,就好像对动物谈论陷阱的事一样,往往一无所用。

然而,只要修持到位,此中生现的觉力,会使无明消退。这样,那些高言阔论也自然无须论理,一切都会因觉而明了……陷阱嘛,不用谈,没有人会进去!

杀 恶

心存生死，则世入生死；心无生死，则无杀生问死。人之生死，当以何生何死？要是连那烂骨头都没有，生死何在？

人者天生天养，然天收为逝不为杀，人怒自怒在身，不在外；杀恶自恶在身，不在外。故人不可有杀恶。

古时候的肉食，实为杀吃，素者不杀，相对杀者而言，是功德无量。然而，素者因众生同体，众命同归之触，而起发大悲之心，实乃身心所应，风吹草动之举，此中无杀无戒，无功无德。风吹草动，花开花谢，天地人间，养育着多界生灵，全是无量功德。杀者他杀自杀，败身应业，不能以功德论比。素食者，如不能从食举之中洞透生态明机，应生起发众生同体，众命同归之大悲心性，实乃凡夫俗世之举，无阴德功相可言。

修 真

光以明显,阴以暗示;智高理大,智窄理小。
心田意种,念根在愿,愿善愿美,心田意美,念美、心美、事美。
修持那就是学会去将心念修美!

得　失

感觉告诉我们有"失"的时候，自然就会有"得"的时候。手里握住一个苹果，随口吃了几口，不小心，掉了；风吹过来了，大大的，可转眼间，不见了……

随口吃上的，"得"了吗？不小心掉了的，"失"了吗？风吹了，就是风吹；吃苹果，也只是吃苹果。此外，也只是吃苹果！有得？有失？

感知是一种存在，感知以外的一切，也都是存在，只是，我们生活存在的中心，只有自我的这一小小感知，而这个感知常常因其小而不敌世道之大，而常受其自造之累，心量大了，心地联天。

世间事事自然是风吹草动。风吹？有吗？草动了！

2018年9月1日于悉尼

小门牙

对，今天非常特别，早上按约去见一个印度客户，该死的路上远远就塞满了那些该死的车。没办法，美丽的晨光也就这样，毫不掩饰地散落在这车道上。坐拥着行车，慢游于道上，不觉一会儿，竟然也按时到达。美丽的印度夫人喜欢说三道四，要求多得使人觉得就只剩下精细。不一会儿，电话响了，是那该死法国佬John的。他说我们公司的员工令他非常生气，紧接着公司那充满活力的小伙子Elves，又十万火急地电告我同样不错的坏事。而我的拍档Mostafa也不肯放弃与我谈话的机会，他说有位员工病了9天；不知怎的，办公室的主管Helen小姐，都10点了，还不见人。多谢上帝，不要生病就好。见完客户，赶回公司。办公桌上一堆图纸，那图纸又出错了，只是错得美妙难得……晚上吃饭，那小门牙像精灵一般嗦的一声，在与骨头混战之中，不小心掉了下来。美丽大方的Donna，忍不住捧腹大笑，惹来欢笑遍遍。那家伙掉得也够神……这所有所有、点滴之间，不正是我们生命每一刻的所有吗？这所有都美丽了，我们将这所有都变美了，我们才美丽……此外，我们一无所有。生活中的点滴，都是从那生命的美丽中淌流而出的……

数　理

理与数是对我们人类来说的，这都只存在于我们的思想世界里，都是我们的大脑虚构的，外在的客观世界，没有一，没有二……

在小盘上装满泥土，放上一颗辣椒种子，再浇上水，慢慢地苗子上长了，不久还长出辣辣的椒子。也是这样，我们在不同的时候，植入甘蔗，泥土就会长出甘甜来；植入苹果苗，它会长出酸甜味的果子来；植入苦瓜苗，它会长出苦的瓜来……甜酸苦辣都生出来了，只是我们却无法从盘泥之中找到任何甜酸苦辣的迹象。盘泥总是同样的盘泥，当然还有恒久不变的水、阳光、黑暗、空气与适时的温度。显然，泥土是能生能产的活土，只要是适时的苗儿种子，此中无一不长，种瓜得瓜，种豆得豆。

用一小盘，装上泥土，放之于室外，不久就见到一根小苗苗萌生而长，后来就有了三根，四根，甚至满盘……只是到了冬天，全没了，剩下的也只有泥土。春天来，可又长了出来。

泥土、空间与其中的生命力永远都是一，其中的所生所长都是二；二消亡了，又回到一里。可见，二是一，一也是二……

可惜的是，我们造理立念了，理与念就好像一个笼子，将我们困在其中。思想的时候，受理累；做事的时候，受事累……累累累。之后，整个生命受累！

邻 居

很多年了，可能就是这个邻居果子狸，与它的伙伴们，总喜欢在我们家的花园游乐。他们夜间攀爬舞蹈的声音早已成了我们生活的一部分，只是从来都无缘碰面，常常见到的仅是那树上一晃而过的飘影，都来不及说一声hello，就不见了……今早阳光明媚，林荫之中偶见这位居士用长尾巴将自己高挂树中，再用右手向下撑起身驱。走近一看，哦，阿弥陀佛，仙逝了……邻居终于还是以他特有的方式，让我见上一面，还告诉我，他们老死时是这样倒挂着的。只是我还是用了我们人类的方式，将居士花葬入土，希望不要见怪。你看，我们人类总是这般自以为是，阿弥陀佛！

果　实

　　静心修持讲求正果，就好像树上能生果实一样。比如我容易触景生情，闻悲生悲，见喜生喜。当我悲与喜时，那都是真的，是实的。如果我那容易触景生情的情绪一直不变，那么，不管我学识多深，阅历多厚，这所有的所有，都只能是我那容易触景生情情绪中的所有。要是用一种方法，守持一种行为，假以时日，我那多愁善感，容易触景生情的情绪变了，不再容易闻悲生悲，不再容易见喜生喜，这就像从树上生出的果实一样，是实的！修持讲究的是这种果实……

　　这种果实反应在人身上，佛家称"果位"，这就如树上那大小不一的果实，人的修持得着也有各高低不同的果位，佛、菩萨、罗汉等就是那些觉者果位的称呼，就像大学府中的博士、硕士、学士。此中佛是成就最高的觉者，菩萨次之，罗汉再次。我们常常碰到的菩萨如自在菩萨、观世音菩萨，他们的名号"自在"，是指他们菩萨的果位成就，是从修持"大自在"那里，大悟成觉的；"观世音"是指通过观察感悟世间音韵的来去，而大悟成觉。菩萨是菩提萨多的简称，那是音译，意思是"有情的大悟觉者，因为"有情"而不尽圆满，没有"佛"的圆满，所以般若的成就比佛低一级，"得不到博士学位，只得个硕士"！

信 仰

信仰千奇百例，多数的信仰归根到底还是回到追求生命的真谛。世上各大宗教派，因信众根器的差异较大，传教布法约分上中下三个层面。我们一般所接触到的都是初层的教化，比如，告诉你一些大道理，让你背诵遵守，指着一个神像让你祭拜，在意识形态上给你造个神位，以此约束不良的言行举止。此中的信徒多数理盲，常常有很强的排他性，难于论理沟通，慎言则止，不宜辩解。中层的信徒一般都用理导与修持并进的方式施教，对事对理的通透常欠精微坚固，此中乃有排他性；上层的施教在精微真谛上，而此中的道理做法却不能施用于中下层面的教化，此中不再有排他性。

所有佛家、道家、耶稣家、真主家，等等各大家，他们过硬的功夫并不是传经过道这些口舌之学，而是："今天老友他死了，你与他今晚何处相见？"切切实实的，过硬的跨世之功，这才是真正的佛道之功。入此功问世，不修灵定魄，哪来出路？

价 值

做企业就是做人,无论遇到什么情况,只要心地宽广善良、正气充实、心思缜密,自然都会踏实地找到并走向最适宜的位置。

价值是被赋予的,钱财与名誉因价值在人们心中的认可,而被赋予创造。做企业就是要创造价值,通过服务去创造产品在客户心中的价值,没有客户心中的价值认可,所有劳心劳力的创造,都将没有价值。可见,市场营销的目的与根本,并不是产品与服务,而是,通过产品与服务去实现提高产品在客户心中的价值。这样,企业的创造,它因被肯定而有价值。

2017年2月19日,于悉尼

善恶之变

我们对本体生命无知，而对七情六欲有知所引生的起心动念，对生命本身就是罪过，这罪过所引生的言行举止作为结果，会对身体自身造出种种业障，以致对自身或周围造出种种困苦，这就是业。世间恩怨情仇的根本是情性上善恶的判断与识别。从理性的角度来看，世间并没有善恶，善恶只发生在我们的思想世界里，当我们心中无善无恶，起心动念便没有善恶，身心内外，遍及明净。

我们所处的世界是"眼耳鼻舌身意"所觉知之界，她因被我们觉知"在"而"有"，其中的事物因被我们觉知"有"而"在"。事物形相的前生后世，因不被我们觉知而"冇"。实际上，"有与冇""善与恶"都只是对我们非常有限的觉知而言的。光明界中，阳明遍开，物相物形之隆，可触可见，可被我们明知明觉。可明知明觉之境，能被"眼耳鼻舌身意"觉知，大概就是阳性物质与能量运行主宰，我们眼中阳明之阳界。

物相物形之生变，于大法界（含光明、黑暗与隐幽各界），我们的觉知对此界无知无觉。无知无觉之境，因被无明隐幽而阴现，不被我们"眼耳鼻舌身意"觉知，此中物质与能量的流动与变化，包括我们生前死后的所有变化，其所展现主宰之域，大概就是阴性物质与能量所运行主宰的隐幽之界，我们眼中的阴界。阴阳两界的总和就是我们所居住的世界。

大自然的树木，生生不息，充满生命；无数的树木死下去了，无数的树木又生起来了，我们所见所触，那是因死才生，因生才死，显然，活着与死亡都不是单独存在的，活着是死亡的依归，死亡亦是活着的依归，她们相互依存以成生命，大自然的生命就是这个总和。人的出生入死，出死入生，也同在这个总和之中。活着与死亡的总和叫生命，我们生来就在这个总和之中。

　　我们人类活在大气层，充满空气这个空间，就只认为这才叫世界，殊不知鱼活在充满水的那个，小虫活在充满泥土的那个，都是世界，不同的只是其中所充满的内涵—人住的是充满空气的；鱼住的是充满水的；小虫住的是充满泥土的。只是，无论如何，那都只是人类、鱼类与虫类们微弱觉知力所能认知之界。

　　我们人类对他界渺茫，对其所处世界的阴阳与其中生命生前死后的来龙去脉无知，我们被赋予了大脑，却又想要通过思维去超越大脑？

　　阴阳之界，觉知力弱之界，大觉者之天，仅只一界，绝无阴阳。世学之阴阳隐幽，实乃觉知之阴阳隐幽。

　　因七情六欲而生现的善恶好坏，实乃觉知力强弱，所应现的善恶好坏。

企业组织

电影里常见士兵们不要命地冲锋陷阵，但总是充满着信心与斗志。军队的建立与壮大，却是滚滚向前，势不可挡。纵观我们这些人数不多的中小企业，每天都要为员工的流失与不足，为招贤纳士烦恼，三五七个月，不定时地与员工周旋，谈论利益薪金，稍有不，就会支柱崩缺。这样，三五七年，多数的企业就都几乎累崩；三几十年，那是理想与梦幻；百年企业，简直就是胡说八道！

修建房屋，如果没有建用百年的理念与思维，自然就不会有可用百年的架构与用料，我们很难想象房屋能有几年寿命；建立家庭，如果没有坚韧不拔亲情纽带，在众多层出不穷的家庭问题面前，我们很难想象有几个家庭不破碎；建立企业，那是建立经济实体组织，这个组织的建立，如果没有建立百年组织的思维与模式，随着时间的推移，也将会在众多层出不穷的不同问题面前，崩溃瓦解。

世上最有生命力，寿命最长的组织是宗教信仰组织，如佛教与天主教，有百千年延续不断的寿命；其次是国家民族政权组织，有几百年的历史；再次者是家庭组织，常有常人寿命之约；公司企业组织的寿命多在三五年之间，能撑二十年的，算是出类拔萃的企业组织。

宗教信仰组织的延续承传力，在于它生命哲学思想与文化，在信众中的深度建设，致使信众用身心奉行。这些组织机构不以谋私利为目的，都以公利为主为导，推行崇高伟大的生命哲学思想。国家政府组织都以公利为根本，去维护自己的政权地位，此中国家的管理，民以食为天，以物质利益为基础。

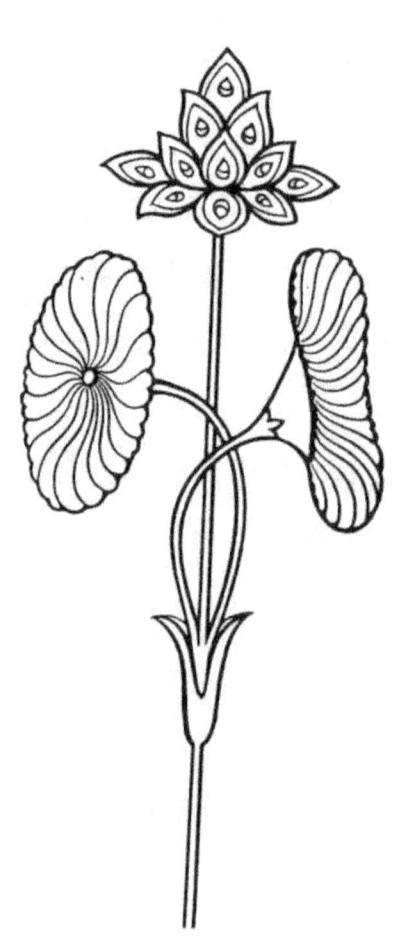

空　间

　　大地球因黑，遇太阳之光而可明；大地球因寒，遇阳光之热而可暖。宇宙空间，因黑而能耀光，因寒而能生热。黑夜白天之变，四季寒暑之移，实乃光热于黑寒空间之变，黑寒空间总是不断地不留余地地，随着光热流量的增减一回复归原。

　　黑在光才显，寒在热方生；光是因黑而显，热是依寒而生。光热生现之时，那是黑光相依，寒热相生，黑寒与光热同在之际。黑寒光热在空间的变化，那是空间在变化。

　　诚然，我们所处的存在空间，是我们的智慧力量，所能触及觉知的空间，这个空间因我们有限的智慧觉知而存在，同时又随我们智慧触觉所知量的变化而变化。智慧触觉所知量的不同，其所触觉认知的空间也就有所不同，因此，同一屋檐下的群人，会因智慧触觉所知量的不同，而活在各自所知量所认知的空间里，以致隔人如隔世。

　　同一天空下的各种类生命，无论是动物植物或是活土，都凭借本身的所知量，而存活在各自的地域空间。我们人类活在大气层，充满空气这个空间。就只认为这才叫空间，殊不知鱼活在充满水的那个，小虫活在充满泥土的那个，都是空间。不同的只是其中所充满的内涵—人住的是充满空气的；鱼住的是充满水的；小虫住的是充满泥土的……

　　这些空间，都会因受光得热变化的不同而不同。四季之中，自然界生命之生息循环，都是此中热量增减的循环。大地之上，热量与水分增减之变，正是春夏秋冬，各季生态之变，各季天地之变，各空间世道之变……空间随热变而成而变。

一热一度一空间，一度生态一生界。

2016年12月11日，于悉尼

受　动

　　手指紧粘纸片，用口气吹之，纸片随风气摆动。气是要触到纸片，纸片受风力，才会被推动。声音触动到我们的听觉系统，就像风气推动着纸片，纸片是要受力才会动，此中的受动，是纸片内里的一种同在，它的所动是因外而内发之动。同理，听觉是受声力才会被触动，此中的受动，是听觉内里的一种同在。听觉系统里有声音的受动，才会有听到声音的事，其实，我们所听到的，都是听觉系统所正受动着的，我们内里的受动，诚然，就是声音的所动。也就是说，我们所听到的声音是内发的，就像纸片之动，是它在受动。我们所听到的声音，是内里受动而起发之音，它是内音，只不过，我们天赋的听觉判知总是在告诉我们，声音是外在来的，以致，我们的注意力总是外向，再外耗外损。

妄 心

因着七情六欲而显思显行的那个心，我们常性的俗心，它是被显的，它因被生被长，而被知被显。它因被知被显，而被妄以为心现，实为妄心。它是圆实真心与外界缘起妄生的外相，它那欠圆不实的所触所觉，以及由此而认知的客观物质世界，当然都是欠圆不实的。欠圆不实所对应的欠圆不实，当然都是对方的真实。所以，我们因七情六欲而妄生的人生意义，事业执着，在欠圆不实中，都是刻骨铭心般的真实，只是，我们欠圆不实之心所处现的客观物质世界，就算是千年万载，都犹如镜中花，水中月，一触即逝，虚无缥缈，无任何根由自性可寻，而我们却总要在此虚无之中紧握着那无法紧握的……可见，此心，我们的常性俗心，它妄而不实，实为妄心。

2016年9月1日深夜

球　星

　　见到那些球星，哪怕只是镜头里的一晃，你所见到的仅是一种，一辈子为虚荣，用身体去拼去搏的挣扎与痛苦……生活的真实，不过乎两餐一宿中的清洁、洗衣、做饭，会打球的本事再大，还远不如一个实实在在的清洁工的用场。

　　民众的心思总是夹杂在流言与明星们的新闻上度日，民众没有建设性的散漫的心性主宰控制着国家的日程与步伐……他们的情绪几乎都挂在火线上，容易被哄动渲染，往往一触即发……

　　……赛场上的输赢是虚荣的出末，人生不是赛场的输赢，然而，此中的虚荣，身体入去了，苦楚却出不来……

　　国家要强大，首先是要国民的内心精神世界强大！

好"生"不如好"死"

对于绝大多数人而言，灵魂的事都是道听途说的，被洗脑灌输的，只是相信，会比不相信强，因为我们会觉得自己更有前途。只是，人，如果不得好死，也就是说，如果我们在临终弥留之际，神志然不清，我们据说唯一能留下不死的灵魂，只会被我们一生所积存的业力拖着，往下坠，我们没有机会去传说中的天国。只有好死，也就是说，临终弥留之际，神志还清醒，说走就走的人，才会有机会找到自己的出路……如果我们终身都只会守护着这副烂骨头的情欲得失，我们是守出了业力，将传说中的灵魂污染积压着。人生啊，要将这些污染积压拿掉，传说中的灵魂，不用找，她就是你……这样，我们都，将不再只是传说！

如果生就意味着死，那么我们都没有前途与将来，只有死路一条。此外，如果一定要谈论成就，封棺定论的成就比较中肯，那就是说：在行将就木前"我们是怎样死的"。生命结束时的方式与过程，就是我们一生功过的展现，也就是我们一生成就的展现，此外，其他的所有都与人者自身无关。这就像我们现在的身体，它就是我们以往人生功过成就的展示。

显然，在感知可触可觉的世界里，"怎样死"就是我们人生的最最将来，难怪常言道：好生不如好死！因为，不用入医院、用刑、受狱而自然"好死"才是真成就。

小老鼠

　　小老鼠，应该是走在泥地里的，也不知何时何起，变得如此不近人情，它们竟然大摇大摆地，走在我的头顶的天棚上。它们挺着身子，摇着尾巴，张着那小嘴，向我示意着要给吃的……呀呀呀……简直是欺人太甚！更可恨的是那小家伙，那小小蜥蜴，老是与我争椅夺位，林荫天棚下那座椅，是我买的，我摆放的，它怎可不问三七二十一，登然坐卧？对了，就是那天，我正躺睡得香香的，那家伙对我的行为，令我大为不满。它竟乘人不备，用那下三流的手段，从底下木缝中，挪尾伸嘴，用牙齿咬我的手指头。事出突然，刹那间，本人身子自然反弹，竟直跳三尺。可怜，那本来挟持在花中，浓得似乎要流的秋意，一惊散尽！那小虫虚晃着尾巴，夹带着小手，头也不回，风一般没入花丛叶中。我翻身醒来，猛然回首……空地林间，蜥鼠相戏，蚂蚁游龙，鸟语花香，果子狸端坐，高高在上。我……正呆在其中……蜥鼠相戏……随微风细雨……秋天秋意怎么浓得如此随意……

小漩涡

树木的躯干与人类躯体的断截旋圆面告诉我们，花草的结构与枝叶的分布模式告诉我们，每一根草，每一个动物生灵，当它们存活的时候，都是富有生命的能量载体，它们总是不断地从体外吸收纳取物质能量。它们的生命是旋生旋长的，就像一个个小漩涡，活着就是不断旋纳外物的过程……静心的过程。当然，也就是不断融入这个旋律，坐落内在生命漩涡的过程……内在的觉知如果能够揉融化入这内在生命的涡流，而成一体，那么，内力在醒觉的同时，会随着这内旋产生一种共鸣，发出一种无事不办的心力。身体健康，当然，亦不在话下。

失　落

　　为得某物，寻而不遇，或所遇与所求相望渐远，心守而无物，以致迷茫，其实是心失落了，心无可依，那自然无助。人者事事，实为心事，有心则有事，无心则万事不遇。事都是心造出来的，人的悲喜，激昂精进，都是心的悲喜，都是心的激昂精进。自然，迷茫无助，也只是心的迷茫无助。它是一种感观状态，它只是一种感觉，只要站在另一角度去看，那么，同一物件，在不同环境因素影响下，会给我们另一种感觉，而会使我们变得喜乐。喜乐就是喜乐，此中没有有助，也没有无助，都只是一种感观心态。不同的是人作为生命，喜乐的心态会使人觉得人生特别美丽丰盛。诚然生命的降临所充满的都是美丽丰盛，我们每人都是那美丽丰盛，可惜的是我们的心被太多情欲牵引着，致使我们那充满的美丽丰盛被情欲的妄求习气污染，情欲所求不遂，则生迷茫，顿觉无助。其实，感觉只是心态的果子，它随处可变。**心感迷茫无助时，只要用力做事，大步劲走，或高声呼喊几分钟，你内在失落的意识流就会被冲断调整，迷茫失落自去。**迷茫失落那是情欲的迷茫失落，只要站在生命的高度去看待它，迷茫也自去。因为迷茫失落心态是内在意识流的迷茫失落引起的，只要改变意识思维的流向，心态则可更改。知道这个道理就可以创造心态，好心态被创造保持的时间长了，心态包养着你的每一天，那好心态就自然成为你本身，这样你将一生喜乐有助。

英勇牺牲易　从容就义难

　　英勇奋战的人，满腔热血，一身是胆，无所惧惧，眼中只有一个目标，没有多少意识思维，所以力量会很大。战场上冲锋陷阵，需要这种没意识思维，只冲不退，被鼓动着行动的战士。可见，视死如归容易，只要被人鼓动着，再有一群人拥呼，造声造势就可以。从容就义，那是定力极高者的所为，不是我们贪生怕死一族所能做到的。但也会有例外，有些人天生临危不惧，或性情刚直，断力如钢，一言既出，能弃生死。也有一种人，看透红尘，或对生活人生不再寄望，又或知道无路可走，心死了。今天的社会因各种原因自杀的人很多，要情不要命的也大有人在。当然这些人的离世都不能用安然来叙述。生死有命，那是半点不由人。只是在生者，应该在其有生之年，尽量了解明白知道，其本体生命的来龙去脉，不要白走一段人生路，要为以后的生命铺路。生命以什么方式结束不重要，重要的是我们为以后的生命做了什么！

色 空

阳光之下，具有形体的山水万物都以黑白青黄等各色相显露，色相以外的各空间都以空相显示。这样，人眼之中，天地之间，大概就只有色与空。山河大地的变迁，就是色与空的变化；事物无中生有，那是色从空中生现。色空之能互通互变，就如水雾一般，那是一物两相。形体是体性，它的根本是空的，那是空性，故而色即是空，空即是色。能生万有的空性，既然能生万有，那么，它的空性一定是实的。只是，这种实性被我们的觉知发现是从空中而来的，而被误为是空的，实际上，此中空相的所有是实的，空相的所有是实相。

行　经

　　常有所遇，爱佛爱道，爱天爱神之众，勤奋好学，满腹经纶，思理端正，谈经论道年年，好人做了多年……念经修持几十年，只是，伤神败体延绵，身心健康状态与常人无异——不见正果善报应身，何为？

　　心思神识都被耗用在文理字句上，虽然字句精美，但因神识游离于文理字句，无法归原。日久神虚力弱，神志被烦恼执着的习惯力势牵引，不能自拔，以致谈经论道都成了不得不说的道理……听起来是道理高论，实际上是烦恼所正执着的……

　　实在是问理修持，心思神识没有靶向面根的缘故。

　　表面上是在念经，实际上，神识只是随妄念闲游，又或是经念了。妄念被经念替代了，空去了，但神识并没有围绕缠绵靶向着"我"。"身受想行识"都可以空去，但是"我"是绝对空不了的，"我"一定要回来，有"我"才能空去五蕴，但前提必须是"我"先要强大起来，将能量通过"我"，种入到我们的根本——阿赖耶识里。

　　念起了，念有"我"的靶向缠绵了，念才会有力，念念相续，自然就会有力力相应，缠绵叠加，这样，每一念每一持都将永不落空地。因着力，冲破自身的种种业障，实实在在地种落在阿赖耶识里。此之者，真真正正，明心见性之积实之功也！

念中没有力，我们的念经修持甚至连自己的妄念都不能觉知，觉力无法内醒，我们无法冲破自身的业障。

这样，神识无法归原，日久神虚力弱，神志被烦恼执着的习惯力势牵引，不能自拔，以致谈经论道都成了不得不说的道理……听起来是道理高论，实际上是烦恼所正执着的……所以，好人做了多年，伤神败体延绵！

因此，古人有能愿只行功修持，而先不问道理的做法。

一般人只会欣赏一般性的音乐，名琴名师之不遇欣赏，常常是琴师对人性的认知不够，没有选对群体听众。这就像读书一样，我们都只会读一般性的书籍，不会去理会那些传世的经典大作，如智慧圆融博大精深的《四书五经》之类，名气大也不招人喜爱，那实在是看不懂的缘故。有时，听说一些佛家或道家的高论，就只有难受，心中还要骂个"不知所谓"。其实，那是可怕的无知，令我们在真知灼见面前却步！

世间之内，各宗学派，经文无数。这些经文都是作者们的心得体会，这就好像一个健美运动员，他把锻炼肌肉时的心得与体会写下来，告之同道，以成"肌经"。我们喜爱健美，可以几十年如一日地研究诵读"肌经"，可是不会有任何健美的肌肉出现与发生。"美肌"不会从诵经中长出来，我们以"肌经"为思想路向，通过身心的锻炼，"美肌"才会从身体里快乐地长出来。可见，重在行经，而不在诵经。

同理，佛经、道经、圣经都只是些心得体会，诵经是为了行经，诵经而不行经，我们将不只是一无所得，还会百病缠身，因为我们得到只是烦恼……然而，如果我们可以将口诵心念与身体融为一体，天地间最最美丽的事都会发生。这无与伦比！

欲 困

定力修持到位，正气充盈了，惠力进升，常人之恶言害语，只会是儿戏之事，都可爱有加，绝不会是伤人之事，而只会有害己之实。言语之能伤能害，那一定是七情六欲之被伤被害，情欲淡去了，言语之能伤能害，自然无用武之地。我们不修心不养性，活在情欲之中，哪有不受充满情欲利害之言语所伤所害之理！由此观之，"口是伤人斧，言是割舌刀"是对的。

只可惜可怜于：只执着于情欲，不见生命。

如果人的言行举止都被七情六欲所支配，活在欲困之中，那么人的命数，就可以通过对七情六欲所触及范围的推算，而有所结论。当然，不受或少受情欲支配的人生，自然就很难定论，无命理可循啊！

品劣无知的人，手中不宜有较大的财力与权力，这经营运展的结果，常常不是祸害一方，可能就是家破人残。在本身生命面前，我们几乎都是品劣无知，品劣无知的情与欲，操控着我们的一切与所有——身体，致使我们要跟循命理，行走于市井之内，挣扎于欲困病苦之中。

由此观之，人活着，最大的本事并不是能坐拥江山，而是能保护自己，远离七情六欲的困扰，坐拥自己仅能依存的这一金身活土。

道 德

道德与智慧是一物两体,道德里所充满的是智慧,智慧里所充满的是道德。道是德与智慧的本体,要从道中融化到"德",才会有智慧的体现,无德者无智慧可言。

觉睡无时,觉醒有时,觉在时在,觉逝去了,有在的,有不在的。世间事事,如风吹草动。

重要的是,"觉醒"之时,要将世界变得充满美好……所听所见都是适时的阳光雨露!

天 悲

啊，美丽……日子就是这样的美丽。阳光明媚，和风物语，蓝天白云，小鸟翔空……我走着，与这一切一切，一起走着。只是不知为何，也不知从何时起，心中滋生起一种不知何来的不可名状的无名之痛。不对啊，那明显是一种漫天盖地的悲愤之痛，我是被感染被感受的，漫天的感痛。大年三十啊！大团圆日，家家鸡鸭满堂，处处牛羊盛宴，处处喜庆欢呼，何来悲愤之事？不对啊，那是人类制造的，来自人类感知以外，其他动物生灵，被大规模割杀，漫天盖地的悲愤之痛。

我们人类因同类之死生悲，以异类生灵之死为庆乐，除了要"六畜兴旺"来宰杀，还要"风调雨顺""万事盛意""身体健康"。只是，同一天空下，我们人类的事事，总在那异类生灵的漫天悲愤之中，这又何来这许多的"风调雨顺"，"身体健康"呢？我们人类因能知能感同类的生死之痛，而悲，而能互爱互助，要是我们亦能因异类生灵的生死，而悲而痛，那么我们的爱心一定会漫布这整个天地。有大悲大悯，才会有大爱。悲悯爱乐装天盖地，才会有大智慧。悲悯不立，智慧不生！上天有好生之德，愿所有的生灵都能乐天互助，年年岁岁，创造出风调雨顺，万事盛意！

画音妙语

这幅出自印度于上海世博会中国馆展出的字画，远远就令我惊奇却步。细心观看，闭上眼睛，我们会发现，作者所刻画显示的正是我们每天"我"的状态——闭上眼睛，我们会发现——无处不在，伴随有各种内音，而又波动起伏，充满言语字画的空间内像，此中唯一稳定，而又不生变化的就是"我"。这画告诉我们，除"我"之外，其他的一切都是我们每天的烦恼。如果我们的每天都由这烦恼充满着，"我"被不见了，于是我们都误以为烦恼就是"我"。如果这内里充满显示的是仙佛、耶稣、圣母之类，也同是烦恼。佛家有言"见妖斩妖，见佛杀佛"，因为那妖那佛全是那脑中幻象，都是烦恼之象。

缘

一树有缘,根触叶叠;众树无缘,遍聚生缘;无缘不遇,入住林地;有缘无缘,共生林园;有缘慈悲,随缘生树;无缘大善,缘生林地。

明镜台

"菩提本无树,明镜亦非台,本来无一物,何处惹尘埃",六祖惠能的千古名段,易言上口,简单直接,精微阔达,使人在刹那间,好像都能触及明了,并看到了"空"。也不知有多少有缘人,触此名段,如孤灯耀谷,顿悟入道。

树与明镜台,那都是眼见到了,意识判知的结果,惠能说:"菩提树嘛,它本来就不是什么树;明镜台,也不是什么台,眼见到了这么一样"什么什么"的,意识就这样给这"什么什么"的戴上个名号,让它们叫树,让它们叫台,哪有这么多乱七八糟的东西,它们本来什么都不是,意识来了,它们却什么都是。要是意识不见了,空了,还有菩提这树、明镜那台吗?那就更没有必要为这树那台什么的烦恼。"

这里所喻示的空,其实就是指意识之空。只是此中,眼见与意识,菩提树与明镜台,对于我们的觉知,都是实实在在的客观真实,都不是空的。菩提树与明镜台,对于我们由眼触而来的觉知都是实有。然而,我们内里觉知的来由与根本,却虚无缥缈,无任何自性根由可寻,无自性根由的觉知,她所判知的外在客观真实,自然也就像觉知本身一样,虚无缥缈。那可是实实在在的空,只是,这空却又实实在在地引生出世间万有,那可又是实实在在的实有……为此,惠能虽出千古名段,还要潜心修持16个年头,才敢出山到广州开示众生。

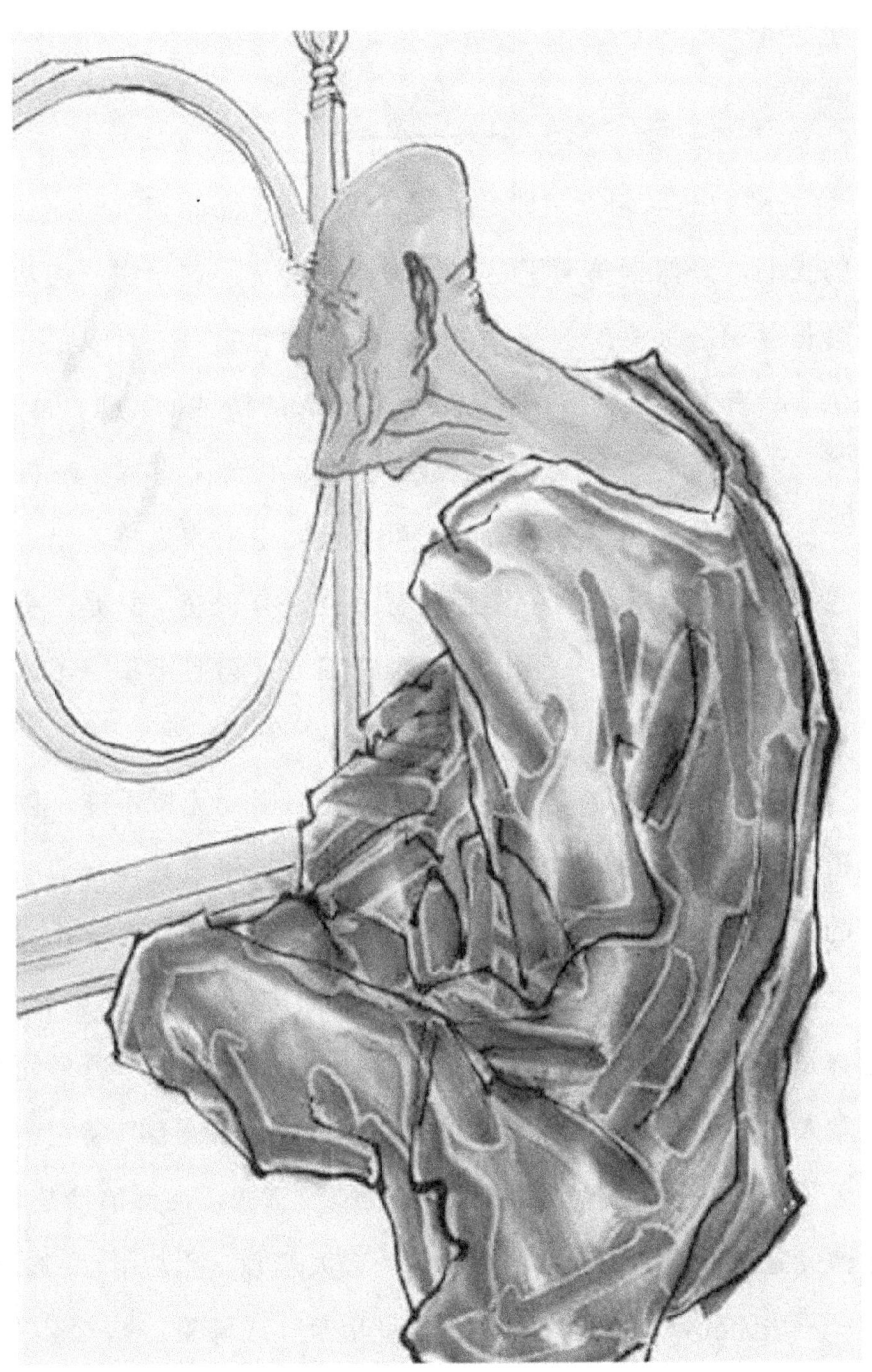

色

《心经》的名句"空即是色，色即是空"常常使有一定领悟力的我们，好像顿悟明了色空的真谛。只是，这一切一切常常都会是意识思维妄想的假像象。色的概念包括：1. 有表色——有颜色形状有表像的物质；2. 无表色——人的精神、灵魂、神经、电等；3. 极微色——色香味触法觉，微小到无穷尽；4. 极迥色——具大深远到无穷尽。由此可见，此中所言之色，已经遍及包括宇宙的所有，此中没有说有，也没有说空，只是，空有之论都尽在此色之中……世说之唯物唯心，再且唯识，不偏不倚，恰都尽在此色中。

意识思维妄想力量的巨大常常使我们感到无所不能，以致盖覆了赋予我们妄想思维功能与力量的意识生命真体。佛法修持的根本就是要通过修定，将意识思维定止，让意念定止，念定了，意识清明，灵明的觉性就会透慧而出，妄想自然就会空，这样那盖覆自然也就脱落自去。可见，佛家之言空，更多的不是常人书言戏论之空，而是通过修持去证空。证得：1. 意空——转意识为妙观察智，意识清明，什么都没有想，而都清清楚楚，觉性灵慧；2. 我空——得平等性智，起大悲心，无功用行；3. 法空——法无我，得大圆镜智，为他受用身，成佛果。

万法唯识　识外无境

徒手在纸上画写，一张图纸出来了，再依图用材组建，于是，一座房子出来了。本来好像什么都没有，只是大脑想、用心做，因着各种条件与因素，缘生出各种碰撞磨合，房子就出来了？一个因着眼见判知的客观实体出现了，我们能觉知到这种对于眼见手触的真实，这都是真的，不是假的。只是，实实在在，那房子的真实，却是实实在在地从心思而来的。我们的觉知能找到房子这个实体，能找到房子有因时因地，各种组建碰撞磨合的根本由来，我们的觉知对这物质性的应现是"有"。于是，理所当然地就会出现"有"中的唯物主义。

这就是"有"，只是这个"有"根本的出处，或者说，这个"有"根本的缘生之所却是心思……一个觉知找不到根本，对于我们的觉知完全虚无不实的根本由来……我们的觉知对这虚幻性的应现是"冇"。于是，意识思维就会理所当然地认为这是"唯心"的，这样也就出现有"冇"中的唯心主义。

徒手画写，从心思而来，心思手动却与觉知同起同落，缘起缘灭于心觉心知之内。这样看来，如果房子是真实的，我们的存在是真实的，是"有"的，那么心觉心知中，那意识思维认为的虚无不实，那个"冇"应该是假的，这另有实体。显然，心觉心知是实的，只是这实体因无法被心觉心知，因不可知而无为……而矣！不可知而无为，实乃天地之无为，而又无所不为。

事物在一定的时间与空间，因着各种条件与因素的，相互作用，和合而成，那是因缘所生，可见事物都是缘起的。当然，当这些条件与因素消失时，事物也会因无法被和合而消失。本来无一物，只是各种条件因素的碰撞来了，物也就来了，各种条件因素的碰撞没了，物也就没了。显然，事物根本什么没有，它因缘起而生，因缘灭而逝，我们找不到它永存不朽的自性。可见，万物皆空。

只是，天地之间，万物的生逝往返，虽然归空，冥冥中，却总有个常纲规纪，在其中运行着……春夏秋冬，花草树木，飞禽走兽，各种各性生灵……，花儿总是朵朵的花儿，人儿总是个个的人儿……、风儿、树儿、山儿、水儿……都在冥冥中，好像被注定生逝，运行在一个无处不在，能使万物生发演逝的"中心"之内，万物的使生使逝，好像都是从此"心"中化现。释迦佛见到了，于是，告诉我们说，万物唯"心造"。

表面上看来，**事物都是因缘和合而生的，缘灭了，我们因找不到根本，见到事物归空了，而都认为没有了，空了。其实不然，花草树木，生灵百态，它们的生逝虽然总是归空，然而，那"使生使逝"，却总是永远地这样地……"使生使逝"。这样看来，使事物归空那里，有个"使"不是空的，那"使生使逝"是永恒不朽的，它集起万物，那是真实不破的道，是心，是上帝……**

若把其中的一个缘拿走，果就不是原来的果了。归空是新循环的开始。

　　碰撞是条件下的结果。事物因条件而碰撞，撞而能合所产生的功能作用（自性），是各条件下各因素相互作用依存的结果，这种功能作用是依靠此中各种因素的相互作用而生起的。

　　碰撞了，遇上了，那是缘。只是此中所生现的事物，他们的功能作用，这个"缘起"是依靠此中各条件因素的相互作用而起的，那是依他起。可见，事物无自性，都是空的……他是依他起性。

　　事物都是缘起碰撞的结果，而这种种无尽的缘生缘灭，都是因我们人类的意识而生现的，而这在小鸟与鱼儿那里，可能是另外一种天地。意识不见了，这缘生缘灭自然就失去了他的缘生之所，剩下的只有寂灭……无生无灭。

　　心入天也，愿大无疆，不住人间念造的祸福。能用意识建立的，自然是意观的，无论意识说它是净的，又或是欠净的，都只是意识，都是行云雾彩，那里有一万几千种说法。意识内有缘生缘灭，自然就会有好坏对错，有悲欢离合；意识清明，生灭不现，世间事事，当然都只是过眼云烟。

　　所以说，万法唯识，识外无境……

　　闹市之中，人来人往，合上眼睛却是空无一人，到底"人来人往"是因眼见而生，还是因眼闭而逝？

　　眼见为实吗？难道合眼之见不实？活着的时候，有吗？难道死亡了，就没有？

"生死存亡"那都只是意识中的"生死存亡"，意识之外是山河大地，人走了，意识不见了，剩下的都只是……。说空不能，不说空也不能，意识无法认识啊！意识都没有了，还有什么好不好，空不空的？意识走了，生死有吗？冇吗？

好与不好都走了，幸与不幸也走了，瞬时回首，所剩何物？

我们所认为的好坏善恶都走了，心还不能安啊！因为那"认为"还在。要是那"认为"也不见，那么正见才出来，心才净，方安！

树果熟落，其子遇土，阳光雨露，适时适地，如被天地集聚生缘，起结命机，拔地而起，长而成树。此中之子，因具种智而被集起演生，长成树样。可见，阿赖耶识大概具有种智与集起演生的功能与作用，能藏所藏执藏无穷。此中的种智就相当于种子，是集起演生，是与天地同性共存的如来藏。

佛家所言之心者，阿赖耶识者，心王是也！

功小尚理，功大欺理。一切诸法唯依妄念而有差别，若离心念，即无一境界……心有定境，不住因果！

能 空

《心经》"色即是空，空即是色"，经诵千年，字句美艳绝伦，易诵上口，可谓千古绝论。曾几何时，不知为多少朝代多少人，建立过多少谈空论色之一道道风景佳画……《心经》那是得到大自在菩萨果位觉者的心得体会，绝非一般人的心得体会。具有大自在菩萨果位的觉者，正如小说与传说中的菩萨，她们都是能点石成金，变化莫测，救苦救难的"超人"，菩萨"超人"所能知能觉的"空"，当然不会是我们所能知能觉的"空"。一堆有形有状的大石头，在我们面前，无论如何，它都只能是石头，都只能是"色"，而菩萨却可念动口舌，将那大石头、那"色"变走，将它们"空"了，而后又可随意地将石头变回，使之成"色"。可见，在菩萨觉者的大能之内，那可真是"色即是空，空即是色"，色空之间变化自如。然而，在我们凡人的低能之内，那可真还是"色即是色，空还是空"。100公斤的石头，我们无论而何都没可能将它变轻，重就是重，哪来轻轻之说？只是我们总喜欢谈重论轻，就像我们谈空论色一样，一派胡言！

20公斤重的石头，对于弱力者，它是重的。然而，对于强力者，它是轻的。弱力者的重，要变成轻，他必须锻炼成强力者，而后才会知道，当初的重原来就是强力后的轻。

当我们能将重变轻了，实际上是将重空化了，用力气将之空化了。此中，空化显然是一种力量，菩萨觉者那点石成金，变化"色空"之能，也就是一种空化的力量。大自然中，山河大地的变化迁移，也就是她能空能色力量的结果。可见，《心经》实乃能空能色后，观照之心得体会，佛家的"空论"，实际上是能变的"空化力"论，能空而后生变……能空它是一种力量。

因此，我们要学会能空！

神 佛

我们好像都是无缘无故地，被掉进了这个世界，被掉到中国的，受环境、文化与习惯的影响，我们的脑袋就都管自己叫中国人；掉到南非的，叫南非人；掉到印度的，叫印度人。这种身份认知定位变化的根本，其实只是脑袋内容的变化。可见，我们认知判位的内容与程式，一旦被锁定，就很难被改变。

这样，世界各地，随着各地的环境，文化喜好与传统习惯，各地的人们又在脑袋里就像造就自己的身份一样，造出各种信仰与神像，让自己去崇拜。于是，上帝出来了，给他个模样，佛出来了，真主出来了……三教九流，千家百派，脑袋造出来了，都给他们定个位，长个相，然后，站得远远的，让自己崇拜……

真的有这么一个佛，坐在寺庙里？一个真主安拉，行使着权柄？妈祖救人？……难道，真的有这么一个中国人、韩国人、地沟人、天使、仙人菩萨？

有啊，身份是脑袋定位拜出来的，自然，所有的神神鬼怪、明星、男神女神，都是脑袋的认知判定出来的。脑袋认定了的女神，日久功深，她在脑袋里的位置就这么定了……神神佛佛都是这样被定下来，再去拜的。

脑袋里的内容都是虚幻不实的，当然，它所认知判定的所有，都是虚妄的。

正　知

　　人生的价值与意义常常是思维所赋予的价值与意义，如果我们所知量所满载的都是七情六欲，那么，我们的人生意义就只能是家事国事天下事。只是，这与我们所被赋予的身体与生命距离得很远。这样，我们只能觉知到七情六欲之内的世间事事，我们无能无法觉知生命，至于人生前死后的来龙去脉，就更不得而知。这样，我们无法知道真正的人生意义，真正的人生意义是要对本身生命的根本有触有觉，而后……方知……

　　现行世上各宗教派，多以理入道，以教育的方法与手段，渲扬正法，结果却是更多地，使我们从一种思想变成另一种思想。归根到底，那是宣扬传教者本身，他们的所得所获，只是一种思想，并未得到，或成为正法正道本身。这样，对于我们这些信众而言，学道只是学习一种思想，不断地用知识外求证据，去证明印证自己的正确，丰富增强自己的信心与由此感应的得着。我们的一生，就是不断思考向外求证的一生。这样，在理智思维上，我们几乎都是圣人，满口大道关爱。然而，身心的表现与反应，却充满艰难困苦，百病缠身，我们以正常人呼之，不以为然。实际上，那是身心没有进入生命正道的结果，也就是说，我们学法做人，那是怕天主教里的教宗，佛寺里的主持。如果几十年如一日，到头来，还是一身体弱病残，身体健康状况与一般人无异，那么，在生命正道上，我们都因身心未入生命法道，只算是一个有崇高思想理念的正常人。佛经是我们的烦恼，圣经亦然，此则，有书不如无书。**我们的生命被上天赋予而后有"我"，"我"里所充满的，自然就是"生命、道路与真理"**，我们本身就是生命、道路与真理，所以，耶稣说，"我"就是生命、道路与真理，任何人都必须藉着"我"才能到"天父"那里。佛祖更是指着天地说，天上地下，唯"我"独尊！我们的生命长在里面，不在外面，自然是要向里求实印证，才能步入已内生命的法道，外求妄为，苦身亡命。所以说，苦海无涯，回头是岸。

我们天赋智慧的辨知，使我们看到婴儿的降临与老人的逝亡。婴生见长，老亡见绝，久之而使我们的意识思维贪生怕死，再而引生内惧，那是意识思维所引生，内心对死亡的恐惧。"生与死"都是意识思维造就的，如果我们的智慧没有"生而长""死而绝"的辩知，自然我们的来去，便如风如雨……如果意识思维里没有对死亡的恐惧，自然，我们的意识思维也就没有死亡的事。显然，意识思维内的死亡是恐惧造就的。孩童那里有生有死吗？人在思想迷茫不清，胡言乱语的弥留之际，有生有死吗？没有啊！显然，我们的生死存亡，我们的图强进取，一生忙碌，只都尽在意识思维之中，只要稍有不慎，不小心，头晕了，失忆了，意识不清又或不见了，我们所有的忙碌进取，所谓的奋发图强，也就掉了。至于人生的意义，意识思维说有就有，说没就没……问题是，我们是意识思维吗？意识是我们吗？世事的现行都恰为果实，所发生的都是绝对正确的，天上的浮云如是，地上的小草如是，我们人类，当然，亦如是！只要将意识思维放到路边，前路清明，那来是非曲直？

万法唯识所现，识外无境！

修 持

修的是心，所养的是性，所健的是身。心是至内而外，无所不在；道是里里外外，无处不在；人生所处，世间所现，道之所成，那是无不道场，所以，无所谓出家，亦无所谓在家，出家是道场之中，在家更是道场之所。

修持就好似谈恋爱一样……走路是她，睡觉是她，吃饭是她，说话时是她，沉默时更满是她……要与叠加与围绕在身上几生几世的业力与习性做拔河拉力赛，这需要一种力量，她叫愿力，愿大力厚，愿小力弱，修持仅愿大力厚者之行。

学佛修持的结果是以自身的智慧不断增大示现，智慧增大一围，印证一经，再修再持，智慧不断增大，果位不断圆满丰实，行经印证不断前延，智慧不断圆实——圆满身现大圆镜智。可见，学佛修持作为结果，只是与自身智慧有关系，此外所有的知识学养，佛学智语都是烦恼。然而，道破了，却又都是无上菩提……只是那能道破的力量，一定也只有自身不断升腾的能量……她以般若示现。

苹　果

　　一位诗人偶然吃了一个非常特别的苹果，觉得非常美味，于是便写了一首诗，去表达自己吃苹果的感觉。诗句美丽可人，喜欢诵读的人越来越多，一传十，十传百……诵诗的人对吃苹果的感觉，都是那么的熟练上口，几乎都成了评述品尝苹果的专家，以致为人指点迷津……只是，实际上，诵诗者从未吃过苹果，他对那苹果是无知的，然而，他内在的意识所赋予给他的感觉所产生的妄念，使真实无知的他感受到的，却又是那么的真实与正确……

　　那是觉力不足所幻起烦恼执着的所在，诵诗者需要将诗句丢了，一步一个脚印地，去找寻那苹果的所在……只是当你真正品尝到那苹果的滋味时，那感觉可能也正是那诗句之所述，只是，这已是真实不破的觉知证悟，不再是单薄无力的烦恼书知戏论。

能 忍

能"忍"对于我们常人，算是一种能力；遇事者能从"忍"到根本不存在"忍"，那是真本事。一心一念一山河，满满的，我们的能忍是"忍住"了，只是，我们的世界都在"忍"中……刹那便住入苦海之中。学"忍"不是学忍而忍，应该是"学忍而出忍"。

此中的忍学忍术都为世学俗术，不能与佛家"无生法忍"之忍，相提并论，佛学中之"忍"常常是指智慧，忍者那是指有生命智慧的成就者。

"无生法忍"是无生灭变化的真如实相之理，真智安住于此理而不动……

2019年11月4日于悉尼

素荤之……

人者天生天养，然天收为逝不为杀，仅人者恶生而杀。杀者恶行，业生入狱；度者善行，能超生死；人怒自怒在身，不在外；杀恶自恶在身，不在外。

"人体"饿了就要进食，能充饥饱肚就可以，那是直性进食，无荤亦无素。荤素之分之辨，那是"人饿"了，其中有善恶喜好的大脑在作风雨。大自然中，喜素喜肉的动物同在，其中并无可食与否之取辨。真正的修持不在这堆烂骨头上，老看着这副烂骨头，当然就会有善恶好坏之分，荤素好坏之辩，要是连善恶好坏都找不了，哪来荤素之别？早期从佛苦行之众，就像现在泰国的僧众，别人舍给什么，就吃什么，那是说大自然给什么就吃什么。时至今日，全世界的从佛僧众，只有中国的僧人才讲求斋素之食，别国他乡并无此事。中国早期的僧众，也是百家吃，梁武帝信佛，发心食斋，而致其后至今中国僧众之斋食。

善 爱

颂扬功名，以致整体人类的所谓上层建筑"意识形态"，都被这种意识思维与趋势所占据。所有功名都是站在上天所赋予的生命与肉体上实现的。可怕的是：我们对本体生命所知渺渺，却知道用被教化与灌输的高尚情操与理念，硬生生地去为生命画上情操与意义……

善心和暖，发之于内，五藏和暖，身壮体健。善心出善体，善始而能善终，得好生好死，人生之大成。我们通常所说的爱心，过于偏执紧张，利己一方而无视他方，常常伤身害体，远不如慈善之和美阔达。慈善者，心慈体善，五藏功稳，通天彻地，一呼百应于天地。人善天地之间，无所不善。然而，我们爱与情之所牵所染，仅在七情六欲之间。自私者天性，人为情生，我者缠情带欲，无可厚非。然而，因私情私欲的发心之爱，恩怨交集，欠温缺暖，窄而偏倚，伤身害体，一生过来，常常是好生不得好死。可见，我们善心的修持要比这"爱心"的得着更重要。不执着不留恋，久之生净，净心空明，如阳光之下，事无大小，无眼耳鼻舌身意，此中慈悲，如母爱之不宣，而乐坐满庭；又如，大道之不宣，而生生不息，此之者，布施是也。这样，大悲心来了，大爱才生，才会悲悯众生的今生来世，这样世间七情六欲所围绕运行着的小恩小爱，以及此中因贪心、嗔恨、傲慢、痴疑所生的种种烦恼，才都可以被通透断截，这样在世情间游走，才可做到如香象过河，截流而过。可见，修持定力得着的根本所显露的还是在大悲心上。

神　通

　　我们无法触及生死，修为定力极高者亦无法知道他的前生后世，此中的隔阴之谜，就好像我们的一夜之隔。昨天的已经记忆不多，那就更不用说十年、二十年前的。但修为定力极高者，可凭灵力通天会神，那是因为他的体性近乎灵界中圣贤的灵性；然而，也有常人能通鬼神之说，那是这些人灵气薄弱的体性，近乎阴界邪灵的体性，故而能通，此称妖通，如神婆之说。只有正气极高的人，他的灵交才可能得到宇宙正灵的相助扶持。天地之间，物以类聚，人以群分。灵居人体成人，灵出人体之或仙或鬼……依业力流展于人界以外。人者灵物，如不修正道，灵弱体虚，体性阴现，则近鬼界，临终常说遇阴撞鬼之事，死后多入鬼界，是为常人。正道修为者，灵强体壮，体性阳现，则近仙神之界，得宇宙正灵大德，相拥扶持，临终无相，逝入仙神之界。故人生之中，所有宗教流派，所有作法的修持，目的都在巩固灵力，佛家称之为定力的修持，实则是灵魂定力的巩固。这反应在体性上，是体性从弱转强的修持。人的身体会不断衰老，可灵体则可因修持到位，而不断强大，甚至出生死。人一生之所作所为，是否正确，都毫不掩饰地体现在其体性的强弱状态上，向外这表现为人的气息神态。

念 功

　　功夫是身心刻苦所练造，久之而能显身上手，此中没有大道花言之论，出场就是现身手的功夫。佛门的功夫亦是身心刻苦所练造，久之身心之所成所现，却不只在身手之上，那可是身心全然洞开，全能尽显。

　　念经能到以一念代万念，就会离言别相，断文绝理，妄念不生，"我"只守在那空明的一念的意土之中，念念相续，念力缠绵叠加。此时，念住心定，身心空明，"我"住入定中，久之，法喜升腾，心开身喜与天地遍联和合，无分彼此。至此，"我"无身无手，无受想行识，只有本觉净土……久之出定开眼，身心活力如刚沐浴于阳和光中，全身上下满顶着，好像气球一样，要破顶而出的能量。声音饱含喜乐，金亮圆融……

　　这样，常行以一念代万念于日常事事，久之功稳能大，身心开泰，见世间万事，生离死别，与花开花谢无异；常人之喜怒哀乐，儿戏之事；无上下尊卑，无好坏对错；五谷进食，可有可无，不饥不饿；精力充沛，力大勇猛；遇强则强，遇弱则弱；身柔如婴，百病不生；触觉所至，知识所成，一触即觉，一点便透彻圆明；有缘人之病，可喊之则去，又或手到病除；所遇之事，可一己承担，一举定夺……悲悯众生的来世而今生……

　　行如致此，已行万卷佛经高论，教义致理，多已尽在其中，阅书闻道，常如亲经历验，会之一笑。这样，佛门同修，论经述道，实乃慈心善体之布施教化……不再只是充满知识的烦恼书论。

佛门的功夫是念断山河意转天，不是嘴皮上的学说书论。那是今天老友陈生死了，今晚你与他在何处相见？

小悟灵明，如孤灯耀谷；大悟圆明，如日照当空。

2018 年 8 月 10 日，于悉尼

功　相

　　世界因被觉知"在"而"有"，事物因被觉知"有"而"在"，事物形相的前生后世，因不被觉知而"冇"。光明界中，阳明遍开，物相物形之隆，可触可见，可明知明觉。可明知明觉之境，能被眼耳鼻舌身意觉知，大概就是阳性物质与能量运行主宰，世眼阳明之阳界。

　　物相物形之生变，于大法界（含光明、黑暗与隐幽各界），不知不觉，觉知内无知无觉。无知无觉之境，因被无明隐幽而阴现，不被眼耳鼻舌身意觉知，此中物质与能量的流动与变化，包括我们生前死后的所有变化，其所展现主宰之域，大概就是阴性物质与能量所运行主宰的隐幽之界，世眼之阴界。

　　积聚者阴会，物积物聚，断阳立阴，阴建物隆，形相内阴。人体者阴建，故佛家之"色受想行识"旧称五阴。五阴功能健全，溢现圆满之为德，此德者阴之神现，故为阴德。能建五阴大能，全圆满身者，积阴德也。

　　积阴聚德，阴是本，德是相，五阴强大，则内功，大，内功之运阴现，日积月累之实成，能全圆满身者，阴功是也。阴功强大，圆满身大，此中形相者德也。德相阴建，隆而阳现，以生阳相。阴德之成，实乃"色受想行识"五阴，内功积实之阴功阳相。

　　明心见性之功，圆照练就五阴大能，成全知全能之德满，可谓功德圆满。世学世作之一切供养善行，如不能引生明心见性之功，成全知全能之德，佳不具阴德功相，无功德可言，唯福德是也。

阴功，阴德、功德、福德，佛家述语，百年误导之百年用，近如菩萨之住庙，戏作吉凶，致成迷信，何等无奈！乐助好施之捐款救命，搭桥修路，积善聚福，能得有求必应，财源广进，万事盛意，便门小善福德之报。行者知其善，不知其之所以善，不入善性，不入大善无善，天德无德之境，行而不积阴聚德，五阴欠实，则无阴德可用，更无功德可言。世间内外，阴盛阳衰，阳盛阴衰；万物之行，此生彼长，一报一应。世道之上，善举为报，举大成功，功大立业，业长功名，此中，名成利就之为应。乐助好施之举为报，得道多助之为应。行善得善报，行恶生恶报，一因一果，一报一应，祸福相依，永不落空。如若有人，乐施忘施，乐助忘助，行大善天德，无生死道，则瞬入功德林，行阴德功业，五阴圆全性现，得明心见性，出生死！

阴阳之界，觉知力弱之界，大觉者之天，仅只一界，绝无阴阳。世学之阴阳隐幽，实乃觉知之阴阳隐幽。

觉 知

人之所以为人，那是能觉。人者觉也！ 天黑了，我们要睡"觉"，那是"觉"睡了。早上醒来，那是晚上已睡之"觉"醒来。"觉"醒了，才有知，才可知事辩物。

"在"乃觉知之所，觉知不在，则无事无在。觉知是一种在，人者之逝，实乃觉知之逝，人逝觉知不在，自然无事无在。静动是觉知"在"里的静动。我们体内体外，心理生理的所有静动，都是觉知"在"里的静动。我们心里所有的恩怨情仇，思想意识里所有的正思胡想，都是觉知"在"里的所载。

静动相对之言，是思维理智之辨，在觉知的真实里，没有相对。静就是静，动就是动；静被觉知，动亦是被觉知的；静动的同起同落，那是觉知静动的同起同落。静的裁判者不是动，动的裁判者不是静，静动的裁定者是觉知。

觉是一切有，亦是一切冇，它好似一个圆明透彻的空间，无静亦无动，知就是其中的行云雾彩，风吹草动。

静动是"知"的结果与内容，无"知"则无结果，亦无内容。我们对情欲无知，则无充满情欲的生活。我们没有对情欲强知执着，则无苦难艰辛。我们知道静动时，知道情仇怨恨时，知道思绪念想时，那都是实实在在的知。

知的内容是眼耳、鼻、舌、身、意，所触所觉的结果，统称为"识"。 眼、耳、鼻、舌、身、意各具天赋功用，功能与能力的不同，使各识的所知量产生异同，致使人在定力不足的情况下，对外境引起生种种分别，我们的分别心就此应现……**有觉而生知，知在成识。**无知无觉之所生身，身大为体；能知能觉之所成人，人者为用。简言之，无知无觉是体，能知能觉是用。能知能觉之能，回用于无知无觉之体，全知全能之根；能知能觉之能，掉离无知无觉之体，百病之始。

无知无觉处生身，有知有觉处生心，身心之所知所觉成识。神动心起，人者有心；神退心隐，人者冇心。无知无觉处心隐，能知能觉处心现。

执 着

"执着"深沉隐现，它以欲力现示，遍及操控着我们的所有。实际上，不能实现执着所引致的困苦，会比任何身体上的痛苦都要巨大，我们不会因为痛苦而放弃执着，而只能用痛苦去追求满足执着。痛苦可被知而明状，执着则不可被知，它与身心浑然一体，对于执着者本身，那是没有执着可言，在执着者自我的世界里，所有的所思所行都是正确的，可见，我们对物质财富与尊严地位的追求，在某种意义上都是正确的，那是我们的执着所在，人生意义的所在，同时，亦是一切苦难的根源与造就的所在。这样看来，执着来了，我们便都成了奴隶，于是，我们的言行举止，音容笑貌，一生过来，都是如此的不变……好像都无路可走，哪来个执着脱落？

意识思维之内，我们用自己的"所执所着"做指导与路向，去做我们的言行举止，音容笑貌。执着总是站在高处，它指挥着我们的理论字句，致使我们很难用一种思维，去改变另一种思维。那么，以欲力涌现，推动思维的内根"执着"，当然是更难脱落。

要摆脱一种执着，需要"能够"站在比"所执着的"更高的地方，这样它无法再做指挥。我们"所执着的"，诚然，就是我们意识思维的所有，它以"理"出现，我们的意识思维所充满的都是"理"，这些"理执"指挥着身体，去作满足"理执着"

的事,顺"理"所成的事,反过来又会助证其"理"。"理与事"相辅相成,相通相拥,这反映在身体上就是一种不可名状,得心应手的做事能力,这种能力就是"理与事"的相通与相应的总和。老思考而不会做事,或老做事而不会思考,相比之下,都不算具有能力。显然,**意识思维中"执着"的脱落,绝不能只用理推理导的方法,更多的是要用"行事",去返导"思维",事行多了,身体习惯了,思维所执着的,往往会在不知不觉中被同化而不脱而落。**

我们的执着基本上都是七情六欲的执着,七情六欲就是我们人生的所有与高度,我们所有的好坏、善恶、正邪、对错、道德、尊严都只运行其中。一切的理与事,都只在此中相通相应,此中的执着需要更高的执着去化解。七情六欲的执着,需要定力的修持,神识回本归原,惠力进升,智慧显耀才可通断脱落。

苦源病根

意识思维有很多层面，最容易认知的是主观意识思维，它以显意识出现，能清楚知道自己一切的意识思维活动，比如，我们的说话道理，逻辑推理，都明知明显。我们生来就被上天赋予了"意识元"，然后，意识到了，才会用眼去看，用嘴去尝，用手去抓，用脑去想……**同一事物景象看多了，同一食物吃多了，同一种手活做多了，就会因着身体的功能而感同身受，并同时烙印在脑海意识里，相对地形成各自的习惯。于是出现了喜好、饮食习惯、手脚的习惯性动作与形成观念。它们都是身体功能习惯了的结果。这些习惯会反过来作用并指挥着主观意识**，我们称之为习惯意识，只是它不像显意识那样，被觉知得明知明显。反之，习惯意识下的行为动作，常常是那样不知不觉。主观意识的思维，都明知明觉。但是，由于各种心思欲念的驱使，主观意识常常并不显示，而被放任压抑，甚至与内里同时出现的几种思维，共鸣混杂，再加上习惯性思维的贯穿，慢慢的，这些思维内束不显，日积月累，沉积混成漫无边际的汪洋内海，我们称之为潜意识。以致，主观思维后的大脑，那自以为休息着的大脑，无时不是充满着杂乱无章的言语，与波涛汹涌的浮云思绪。

这样看来，我们主观思维的涌现，实际上，已不再是主观思维，而是习惯意识与潜意识的浮萍与浪花。

问题是**我们意识的所触所向都是眼、耳、鼻、舌、身，对外的所触所及，意到神到，致使我们的神意无时不在向外流展。这样，我们的精神意识，生来就在不断地流展在外，使我们的精神体能，耗而不知所耗，使身体病而不知所病，生老病死，推究自然**。同时，主观意识、习惯意识、潜意识等又相互混变，使我们对外的认知，除了接受明示，还产生着暗示，以致成主观思维后，不想而现的意识思维内乱。诚然，主观思维所占用的时间很少，我们人生的绝大多数的时间，都是在不知不觉地不思而乱思，所谓烦恼中度过的，在那神意的内乱中度过的。当我们不语不作，所谓休息之时，只是主观意识不作，其间，习惯意识、潜意识，与夹杂其中的明示暗示等等，都不约而同地在脑海里从无方位处涌现。它们甚至以梦想出，占据我们的夜晚……其实，它们占据了我们人生的绝大多数的时光。

对于精神体能而言，那是真真切切的外耗内损，一生而是，至死不知。人生的病痛苦梦，都是这外耗内损所致。无奈，我们都误之为自然，一生下来，懵然不知，枉生枉死，枉为人啊！

所以我们要做静心，用主观的方法，收回神力之外耗，扫平内乱。

静心之本

言行举止，总是在有意无意之中，有知觉与无知觉之内。有意之作，因有知觉而能控；无意之举，因无知觉而自然。

人活一世，常不自知，对本体生命无知无觉，而只对外在事物表象有知有觉。觉知的层面与对象不同，所知所觉就不同，愚人之所愚，那是不能觉知常人之所觉；常人之所愚，那是不能觉知觉悟者之所觉。世间之上，无论是碌碌无为，还是功成利就，如觉知只停留于外在事物的表象。我们的成就，无论是富可敌国，或是权倾朝野，诚然，在生命面前，我们都只是无知者。

生命与智慧，生逝于无知无觉，身体被赋予造就于无知无觉。体内有知有觉之动，乃病灶之动，知觉生则病痛；躯体之动乃灵动，无知觉则病重。**五脏之动不经意转，行无知觉令，撑生带命，而终年不息。人者于无知觉内生，却带主观知觉律事，律事则律五脏之内动，律无知觉之内生。**

如何静心？

无言无语，无思无作之时，常盼个无声无息，然放眼之天青地彻，更是恶显内心之云涌，内思之浮想，那欲断难断，不只是挥之不去，更是越断越长。这内乱内扰，伴随着各种欲望所引领的神力外游外损，活着的过程，真真切切是内外通伤的过程，百病缠身的过程。

用一种思维去断另一种思维，那就好似用水去冲水，剩下的当然也只有水。一种思维会同时带动着不同层面的几种意识思维，造就出种种烦思。

静心的对象，在一定的层面上，就是要用主观主动的的"行为"，代替各种意识思维，此中最突出最容易使烦思隐退的是"声音"，声音耳听则断思惑，万思不现。此中妙在"耳听到了"，"听到了"则"觉"在，此则神归力回。只是"所听到的"一定只是明音纯韵，美朴真言，音韵不接凡根俗意，只遍联无边明净。比如，佛家持念"阿弥陀佛"，不问不惑，什么也不做，只念"阿弥陀佛"，声音仅让耳朵听到，使思惑隐退，再之念速要比正常思维速度快，以降伏其他层面的思维，这样只要在"听到"与"念速"上苦练，各层面的意识思维，马上就可被所念动的字句意景转换替代，使大脑空而明。这样神归力回了，内乱平息了，身体从此被生命能量养育着，一切的美丽从此回归。

然而，切记，就算念动"阿弥陀佛"，也要讲究学放松，心松了，那"听到"与"念速"才直入，加上决志上求生命大道，将之放到原心"愿"上，再用念念相续，持之以恒，使之成为一种习惯，大脑不空自空，不明自明。这样，所求与所应，就好似为梦想搭建起一座桥梁，首尾相连相应，念念相续，力力相应，则起明心见性。

持念的字句可以是各式各样，信天主的可持"耶和华"；信真主的可持念"真主阿拉"；喜欢唱歌的，亦可只哼唱一曲美韵，然而，愿大力厚，愿小力弱，静心之行，仅愿力雄厚者之用。

灵性体

肉体灵体与性体，人中三体。性体无形无象，恒古不衰。它的中心在心脏附近。灵体（佛家称中阴身）是肉体与性体的中间体，它是肉体的依托，肉体依靠灵体承托性体的生命能量存活，灵体的中心是灵魂，在两眉中间入目三寸之地，俗称泥沟。肉体的中心是思想，位于大脑之中。思想之所得所能，无论如何巨大，将只会与肉体一同消失。灵体不会消失，只是它会带着肉体与思想存活时，七情六欲所积存的习气，俗称业力，依靠着性体的生命继续滚动存活在不同空间，俗称六道轮回。肉体因七情六欲所生发的善恶是非，所产生的业力依附在灵体上，使灵体在离肉体（肉体死亡）之时，迷茫糊涂，不辨阴间而随业下堕，以致进入饿鬼道，或畜道甚至地狱。那是过于执着七情六欲所生发爱乐的结果。精神是性体的火花，它是性体能的外延与表现。灵魂没有精神，只有灵气。大脑的思想依赖灵气与性体的神气，而能存能作，所以思想常常具有灵气与神力，表现得无所不能。灵体虽不具可被知的形体，但还是有形有状，因此业力才可得以依附，可见六道轮回，那是灵体带着业力的或多或少的上下升降流展。显然灵性上的修为，也不是究竟，它终究还在三界内。要是灵性连一个形体都没有，只有净业，那么它就回到性本如如的道体里，回到其性生的根本。这才是究竟！

透与动

三毛言辞，好像都尽透尽现了人性，可好像又不尽然，更多的是那好像尽性的，却为她围建了一道绝地围墙。她知道人生无路可走，也认定了无路可走，她看透了红尘，但因"破"不了，返而被围被困。所以她会自然地，想哭便哭，想笑便笑。她不知道自然的哭笑，实际上是她不觉知的内在意识流，不喜欢不接受，外在环境因素碰撞的结果与表现。她透视人性的劣质，她的内心世界同时也不断地，被这些劣质触动，以致她的文章所充满的都是"透与动"。"透"是境界，"动"是绝地高墙。**内境被困，则思想意识被困，久之则成烦恼地，烦恼长生不退，沉生闲愁，所以文章之所成，常常是愁来不见愁，只见书情话意，文章常常只是发泄闲愁的天地。**

人性的里里外外，善善恶恶，都是道场内置内境，道破了都里明阳大地，生是好的，死是好的，天地造就的都是好的。这样内境清净，充满喜悦，内在思维世界自然不受外境触动，哭笑自然淡逝。此中之理，能文能道，只是常常也只是烦恼，因为能言高理者，常常是活在性情中者，常受七情六欲的困扰，需要从起心动念处修起，将通断钢力修出来，才能蹬进清净明阳大地。

论 命

"一命二运三风水",我们生命的降临,犹如小树苗的降临。树苗的种性几乎决定着它以后的所有,我们被赋予的命格,也同样地几乎决定着我们的一生。如果说生是注定的,那么死也一定是被注定的,贯穿生死之间的命运也同样被注定。树木被它生前就被赋予的种性决定,我们的命运被我们生前就被赋予的命格决定。所以,论人必先论命。树苗的种性,要追溯种子的归宿,我们的命格就要追溯生命本体生前的所在。对我们的智慧而言,能被眼、耳、鼻、舌、身、意感知的,大概就是阳性物质与能量所显示的阳界。至于不被我们觉知的物质与能量的存在与它们的流动与变化,包括我们生前死后的本体状态,大概就是阴性物质与能量所隐幽的阴界。可见,不知阴阳,无以论命。

五　行

　　金木水火土，在天地间，随着时间空间的移动与变化，而相生相克地不断"运行"，此中任何物件，包括人的碰撞，都是此"运"中数位到来的结果。"命"被掉进这个时间与空间就必须是被"运"在这个五行的时间与空间，被"运"在五行相生相克所产生的阳性与阴性的物质与能量流里。所以"命"来了，那一定是在五行的"运"中。

　　五行之运，那是阴阳两性物质与能量相生相克，阴阳交错之运，此运中，风与水是大自然生命与能量的传递与根本所在，是五行相生相克，阴阳物质与能量交错的根本与所在，大自然所有的移动与变化都只发生在风中水里。可见"运"来了，那一定是在风中水里。所以人生之说，一定是"一命二运三风水"。

生无缘无故被上天创造,死亦同时被创造。如果说生是起点,死是终点。那么,贯穿生与死的命运,亦同时被创造!

商 论

买易卖难

我们总是想将货品卖出去,因而有千门百类的市场营销方法。推销货品之难,在此可见一斑。只是,这所显示的并不算难,最大的难度,是我们所要推销的货品,它们是永无尽头的。没有方法可以推售永无尽头的货品。货品销售的尽头,那一定是私欲得到足的结果。推销货品的难度,实际上,等同于满足私欲的难度。

收入时怕少,支出时怕多。我们这种小心谨慎支出的态度,常常使卖方感到困难重重。在买卖的整个过程中,我们并不在意成交的前与后,我们更多地在意成交时利益的得着。对成交的紧张,那是对利益的紧张。因为"在意"与"紧张",而更显"卖"的难。再者,卖方往往是背负着众多人员的生活开支而去卖。买方的买,往往是漫不经心的买;卖方的卖,却往往是非常在意的卖。可见,"卖"难的所在。

要扭转"卖"难的局面,恐怕相当困难——我们无法使私欲无求。

我们都是凭着自我的主观意志行事、进取。站在市场内,第一件要做的事,当然是将货品卖出去,市场营销上因而出现如"推销货品,必须先将自己卖出去"的名言。绝大多数消费者,对所面对的货品,并不熟识。货品的可靠性,在一定情况下,只能从推销者的可靠性得知。"将自己卖出去",在推销上,那是通过衣着、化妆、音容笑貌、言语、名字与包装等技巧的方式，从形象上增强消费者对推销者的信心。

一般的推销手法，是要求销售者自己将货品卖出去。消费的一方，个人心性特点，因人而异。一个推销员，要对付众多的消费者，一天工作下来，他已经精疲力竭。这种情况与企业内以人管人的管理方式所致成的效果一样，结果都是使人很累，而又可能业绩不佳。

市场内只有买方与卖方两个人，买卖双方要对付的都是人。买方需要买到他所需要的货品，卖方需要卖出他的货品。

"需"与"求"

社会是由政府机构、企业、团体、家庭与个人等几种不同的个体组成。尽管这些个体各有不同，总而言之，都是由人组成。而人活着只有两件事，那就是需与求。

需者，衣、食、住、行、色的基本所需。求者，不过乎利欲与习性。求中的变化因素众多，然而在它们的个性里，有着一个普遍性的存在，只要把握住需与求中的普遍性，那么，市场中人的需与求，就基本上把握在我们的手里。把握到需与求，那就是把握到人心。那时我们所要做的，绝不只是推销的事，而是规划与布局之内，那是较高明的不售而售。不讲买卖，而在买卖之中，货品不推自售，自然没有"卖"难的事。

然而，这种买卖，也确实不是普通的个人团体可以成就的。要把握需与求中的普遍性，最难的，可能是把握人的心性。

品 味

现代的商品经济，在很大程度上，已经不是解决基本生活必需品的物物交换。社会物质的丰盛与民众文化素质的提高，使民众对货品的要求，既要实用，又要有品味。

衣服是用来遮肤保暖的；凳子是用来坐的；手提包是用来放东西的。只是具有不同文化、传统、习惯、不同修养、不同身份地位、不同性别、不同年龄的人，具有对货品不同的品味。广东人所喜爱的衣服，北京人可能就不喜欢；中国人喜欢的凳子，美国人就可能不喜爱；女人要的手提包，男人就不要。

欲求者，心。品味者，欲求之所在。它是心性的外露。欲求品味的泛滥，使人们容易用品味的眼光来看待货品，致使货品销售与价格常常被品味左右。 这种品味的要求与体现，常常是反映在货品的外观、包装与服务上。以迎合人们容易"以貌取人"的特点。

观念与习性

我们对货品的价值观，基本受以下因素的影响：一是长期受文化、传统、道德、经验等影响，所致成的审美观与喜好。二是受记忆与情感等影响，所致成的偏好。三是习性。

入乡随俗与买卖的道理，在此是相通的。要更好地使货品卖给买者，要满足买者基本所需的同时，还要迎合买者的审美观、喜好、偏好与习性。那就是随其所好。可见现代的商品经济，实质上是商品心理经济。

"先入为主"与"以貌取人"，人性特点的出现，是观念与习性在以其之所固有，去取舍外物。新货品的出现，除了在实用性、外观包装与服务上讨人喜欢外，它还需要用时间去使观念与习性受落。**主宰统治日常生活的是观念与习性。人们是活在观念与习性的困局中，而又自以为然。人们漫不经心的购物，常常是观念与习性在购物。**可见货品的销售，要做到不售而售，除了货品的实用性与品味迎合买者外，还需要使之融入买者观念与习性之中。

广告与传媒的作用，在很大程度上，并不是让人们认识某种货品，它没有能力与可能让人们认识货品。它只是通过某种不断的出现、渲染视听，从而让人们对某货品感到熟识、亲近，一次生，两次熟，从而在观念与习性上，打上烙印，使之不再给予排斥。

观念与习性，在一定程度上，是环境因素造就的。我们与这些存在共同相处的时间长了，这些存在，便会自然住进我们的世界，久而久之，成为我们的观念与习性。

经商买卖中，高明的规划与布局，就是通过传媒、广告或其他方式、途经，不断地使某种货品的名字，住进我们的世界，再潜移默化地成为我们意识观念，从而使他的货品成为我们日常生活的部分。这样，时间长了，审美观会变改，喜好会变改，偏好与习性也可能会变改。就算是偏好与习性是依然故我，但已不生排斥。

比如，开始的时候，只是在电视、广告或街头巷尾，见到一些同一支牙膏的彩照。时间长了，见多了，到了百货公司，见到同样的牙膏彩照，就会觉得很熟识，也不知何时起，可能见到其他牌子的牙膏，就都看不上眼。

某一件事，一个人讲的时候，并不会有人相信，要是到处都有人讲的时候，本来不可信的事也会变成是真的。这样要再反口讲它的不是，就不容易。此为众口铄金的道理，也是不售而售的道理。

经商做货品的人，如果不认识这个人性特点，货品的质量无论好到什么程度，它的销量也不会多到哪里去。货品的质量好了，那只是实用性。品味到位，会是更上一层楼。只有懂得在意识观念与习性上行走，使商品经运在人的心性上，那才真正是在经商。

我们的记忆，对好与坏，这两个极端的事，是非常敏感的，尤其是涉及道德与利益的时候。这些好事与坏事的到来，有时甚至可以在瞬间使观念变改，使长时间形成的观念认知，顿成泡影。至于好与坏之间，不好也不坏的日常事事，它的领地虽大，但可以是记忆不生。

在一般情况下，观念上的认知，需要时间去形成，也需要时间去变改。唯独触及心性敏感地域的事，可以使观念顿变。有时，它甚至可触动习性，这就犹如一座几经岁月才建好的大厦，它可以是毁于一旦。

经商买卖要给人的是货品，人们要对卖者有信心，才会买货。信心，是建立在好事上的，只有不断的好事，才可支撑强大的信心，保证上好的货品销售。商品买卖之中，只能有不断的好事，它承受不了任何坏事。好事传千里，坏事亦会不胫而走，百里张扬。经商买卖的时间长了，便自然生出一种信誉，一种形象。这信誉与形象在公众中的定位，基本上就是企业前景的定位。这个定位只能向上提升，而不能下滑。要支撑这个定位，不至于下滑，那就要千方百计地确保只做好事，不出坏事。好事增誉，坏事毁誉。生意之上，誉毁则信亡，信亡则买卖不生。故此，常有听说"信誉第一"的事。

品牌与形象

未婚的女子，总喜欢高大威猛，而又具男子气概的男子；未婚的男子，大概也总喜欢书、画、影片中，那些体贴温柔而又亮丽的女主角形象的女子。他们结婚生子后，对男女的看法，可能会有所变改，只是他们心中所憧憬的形象，往往是依然如故。模特儿们，总是帅哥与靓女的原因所生，可能就在于此。

货品的外观形状与包装设计，常常是可被捉摸与认知的。品牌与企业的名字，只是一个标记与名号，根本就没有一个可捉摸的形象实体。这要比那些男子女子所憧憬的形象更为不实在。然而，这种不实在的形象，却往往支撑着许多大企业的货品销量。

现代唯物主义认为佛道是从虚幻中编造出来的，没有真实可捉摸的形象实体，没有可信的依据。只是这些思想意识里编出来的品牌与名号是唯心的。品牌、名号下的货是好货，佛道名下的人心，是好心。它们其实都是同样不实在，而又实在的东西。世事就是这样，不实在里，生出实在的。实在里，又生出不实在的。可捉摸的，是实在的；不可捉摸的，是不实在的。奇怪的是，不可捉摸的名牌，有时是价值连城。

某歌手的歌，在一夜之间，使他成了名人。歌手依然是同样的歌手，不同的是他的歌与名字，已进入到很多人的思想意识里，进入并存在于人们的思想世界里。

由此观之，歌手的名字与其在人们思想世界所显现的形象是抽象的，它们只出现在思想的世界里，思想世界以外的客观世界，并不一定具有真实的客观实体。只是**虚幻不实的形象占进思想意识的时间长了，便会成为大脑的思维与影像，使本来的虚幻不实，变得真实。这种思想形象的真实，有时甚至比具有客观实体的形象更加真实。**

——我们总喜欢沿着梦想希望，奋斗前行，我们可以丢失了物质、财富、名誉、地位，却决不可丢失了梦想希望。梦想与希望，常常可以使真实得以成就。

孔子、老子，这些中国古代圣贤的形象，是历史形象、史书形象与传统的形象共同承传下来的崇高形象。中华大地，上下五千年，恐怕再没有其他的形象，比他们的形象更高。那是道德与精神的化身。他们的道德思想，至今依然统治着中华民族的言行举止……

这些形象都没有真实的客观实体，都只是人们心中的形象。经商买卖之中，所要建立的形象，就是这种品牌、名号在人们心中的形象。

名声在外，它就在口与口之间。经商买卖之道，是要让人熟识我们实实在在的好处。只是一个诚信可靠，又富有能力的小伙子，没有一个好看的外貌身形，往往不受女孩子的青睐。男孩子的目光也总是留在漂亮的女孩子身上。同一品牌规格、型号的小汽车，不管它的品牌多么出众，可以是因为外形的受欢迎与不受欢迎，引致销售量大起大落。可见经商买卖之间，除了要在抽象形象上下心思，还必需要为货品、企业、品牌建立有令人喜爱的外观形象。

意识、层面

功劳大的人，时间长了，就会有傲气；能力强的人，时间长了，就会有胜气；能力弱的人，时间长了，就会显得卑下。

位高权重的人，历有时日，就会轻视一般的员工；钱财多的人，时间长了，就会瞧不起穷人；学问高的人，虽然常读圣贤之书，他们不只是轻视读书少的人，而且常常是学者相轻。

这些"轻视"与"瞧不起"，都是思想意识层面上的所为。**知识的多寡，夹杂在物质、情感、性别、名誉、地位、权力与特定的地理环境里，使人们的思想意识，在不同环境因素的作用下，分化出不同层面的思想意识，再而有不同的风格与品味。这样知识经验与感知层面的不同，造就出不同层面人与人的沟通，形成不同层面的人，与不同层面的人际关系。**"物以类聚"与"门当户对"的道理，可能就在于此。

诚 信

我们对陌生人多带有警惕之心，对熟络者却不尽有之。只是对不信任的人，随时有之。

信任是安全的防线，经商买卖第一步要做到的，是要使对方感到可靠。这是信任的基础，失去这一基础，一切的努力，都不显效用。

商人多疑与自保的作风，使建立信任沟通的时间相应增加，但只要这种沟通，可被诚信达成。那么，生意的增长，会是一日千里。这种美好的运作，甚至可以是几十年如一日。我们是得到了一个一辈子的客户。

所以，要为诚信可靠努力。它是成功路上最可行最漂亮的技巧。实际上，诚信不算是一种技巧，它不可能被学会，它只能被形成，它是美德的化身，它使我们在未做事之前，已将路障清除。具有这种美德的人，他本身作为人，已经非常富有。再加上财富的外衣，无疑更显丰美。

诚信是致富的根本，它使我们在买卖之前，已自富半天。可惜，学校没能教授学生这致富之道。知识与技术，只是一种工具，这些工具被诚信的人所用，它可不断造福社会；被不诚信的人所用，它将会是社会祸害的催化剂。

诚信是人见人爱的，它使人与人之间建立相互信任的时间缩到最短，同时，使成事的效率达到最高。它最大限度地减少猜疑，使透明度清晰可见。这是经商买卖之中，人与人之间凝聚力所在，是基业的根本。可见诚信者，足不出户，已自富半天。

信是"人与言"的组合，人言可畏的道理，大概亦在于此。

不断地让众人重复同一种举动，同一句言语时间长了，这种举动与言语，便会成为众人日常的举动与言语。喜欢读书的人，开始时可能只是观念上认为读书好，只是投放在书本的时间长了，慢慢便开始会咬文嚼字，甚至会显露出一种文人气质。那是思维长期沐浴在文字理念之中，被文理所化的结果。小时候，熟读唐诗，长大后，就常常随口用上，这与唐诗的好坏没有关系，那是思维上的熟知与习惯。

外物的好坏，对于人的心性而言，就像外物本身一样，它不是好的，也不是坏的，物只是物。人与环境中的外物一起成长，环境中的一切便渐渐地成了他思想中的一切。这一切只是这一切，它不是好的，也不是坏的。只是人接受了这一切以后，就会用这一切去取舍衡量，这一切以外的一切。于是，在人的意识领域内便容易出现"符合这一切的，是可接受的，不符合这一切的，是不可接受的"。可见，熟悉、习惯了的事物，不仅仅是好的，它甚至会养成人的思想观念与习性。

这是人性的重要特点，懂得这个特点，可以知道怎样去让你的名号与品牌让人熟识。经商的技巧，无非让人熟识的技巧。只是，这种技巧不能随意运用。名号与品牌，必须具有正面的内涵与正直力的支撑，具有不健康与反面内涵的名号品牌，被人熟识的结果，不是名成利就，而是名成利走，身败名裂。"好事张扬，丑事收藏"，这些商家常用技巧的道理所在，就在于此。

经商买卖之中，被人熟识，不足以成事，只有真诚与可靠的被知，才能使货品的卖出成为可能，这就是"诚信"的意义所在。

由于历史、文化、传统、道德的宣扬，致使人们在意识领域内，形成有自己崇尚、喜爱的言辞与人物形象。尽管真诚的人不多，人们总是喜听诚信超人的故事；尽管路见不平，拔刀相助的人，百中无一，人们总是喜听它的事；尽管雪中送炭的人少之又少，人们总是喜欢这种事迹。

这都是正常人的心理。经商买卖，诚信之行，常不足以谋利。要使"诚信"起作用，还要懂得人的某些正常的心性特点，再通过那些心性特点，使"诚信"做买卖。买卖之中，讲求金钱利益，其中一切的所为，不过是"利"字一个。搬弄"诚信"，大肆招摇的所为，本来就与势利的买卖，有所不合。买卖中的"诚信"可能根本就没有"诚信"。商家行为的动机，是要想办法将货品卖出去，以获取利润。建立"诚信"以招揽人心，就是动机所在。那是"诚信"之上，"利"字当头。

行商者，从利润出发，"诚信"之上，利字当头，并无不妥。要是利润不只是为了满足私利，它同时又满足公利，那么，"诚信"之上，"利"字当头，也将会是非常美丽的事。

"信"的意义深浅，不易捉摸。买卖之中，货品的出没，讲求心术。"诚信"只是一个幌子，幌子下面商家的"诚信"与否，那是另当别论。只要幌子上的货品，货真价实，就足够。至少，短期内，商家所颂扬的"诚信"，在社会中会起到一个正面的作用。只是，长远而言，商家欠"诚信"的隐患，往往会是祸害无穷。

一位长者病了，探病的人很多，一时之间，门庭若市。探病者可能都不具关爱之心，他们都可以假装关爱。只是他们的到来是无法假装的。商家的诚信与形象都可以是策划、设计、假装的，只是货真价实是不能假装的。商家的行为使社会所需的货物融会贯通，也是假装不了的。

人自私，而要求利润回报的本性，使人们自觉遵守诚信的道义与规则。诚信通货而生利的结果，往往又会使人们变得诚信。做诚信的事，时间长了，对不诚信的事，往往就不喜欢。

芸芸大众者，生命。只是我们对生命一无所知，以致对事对物，没有正见。正见不生，则难以致诚。 孩童以后的人生，可见真诚者实在稀奇。常人之心喜欢真诚，而又不在真诚之中。它是时真时假，有时，甚至是不真也不假。虽然说，是真不假，是假不真，人们多疑、自保与欠真诚的作风，常常使"是真不真，是假不假"。经商买卖，那是捉弄消费者心思的买卖。货品的真实与否，有时并不重要，重要的是消费者自己感到真实可靠。商家货品的销售，往往使人们感到真实可靠，就已足够。

这样，商家除了要在诚信形象上下工夫，还要在人们欠真诚又喜欢真诚的心性上下心思。

理智与习性

行为有听信主观理智思维的偏好。理智思维下的行为被知,常常是触及利益与重要事件的行为被知。日常之中,茶前饭后的事,往往是漫不经心。主观的理智思维,总是自以为事事都在其理智意识之内。实际上,这种长期自以为是的理智思维,早已就演变成一种习性。以致个人的行为与思维,在别人看来总是这么熟识,是那样的不变。这种不变与熟识的行为活动构成着每一个人的每一天。这些行为活动之不为所知,是习性之所为。那些利益、情感与重要事件,之所以容易被知,那是因为他们触动了心性的弱点。

一个喜欢购物的女子,几年来所买的东西,多不胜数。她所买衣服的款式、颜色,总是不相上下;她所买的食物,总是那一些。这些东西她都可能没有记忆,只是那一件跟别人争吵后,才到手的衣服,却是记忆犹新。

对于商家而言,那件衣服,并不重要,重要的是那些数不胜数而又没有记忆的东西。

人都有喜热闹、怕寂寞的一面,尤其是女人,休闲无事,喜欢三五成群,游街过市,然后大包小包,满载而归。今次是这样,以后次次都是这样。

因为购物者,不是主观理智思维下的行为活动,而是那早已成为习性的理智思维——那是习性在购物。

"不轻信别人，又难于取信于他人"这是我们都公认的事实，因为是事实总以为是事实。

"信"是对"疑"来说的。心中无疑，自然没有"是否可信"的事。心中有疑，则起警惕，再而有"是否可信"的事。我们基本上都是工作与居住在熟悉的环境之中。我们的日子都是常事多多，疑事少少。那些别人、他人、不熟识的人，基本上都不常在我们的日常事事之中。再者，我们出外旅游，也并不需要带上家居、饭菜，而都是毫不置疑地，在外地购用。百货公司里的食物琳琅满目，我们既不在行，又不熟识，却常常是大量地每天购吃，而不心存疑虑。

看来，我们都是不喜疑，也不善生疑。我们是容易信人，也容易取信于他人。社会是这样的，商品市场的运行是这样的，人都是这样的。只要把握着人购物的习性所在，使货品流通于习性之中，货品自然会不售而售。

我们心中求信，口中言信，只是行为举止，不甚求信。那是习性凌驾于主观理智思维的缘故。可见，我们的日常起居，都是运行在习性之中，只是受习性之困，而不知所困而矣。

注意力

看多了，时间长了，习惯了，就会视若无睹，什么东西都会变得平淡。经商做买卖的人，要知道懂得人性的这一特点，时常要搞一些能够吸引人们注意力的东西，使那些本来平淡乏味的心思活起来。这样平静的市面，就会焕有生机。

把握住"需与求"的根本所在，套住"观念与习性"，那是正面的基本建设。要使货品销售走在同行之先。有时，还是不足够的。适当的时候，特别是人们游街、过市的时候，商家还要懂得及时把握住人们注意力的走向。在一定的情况下，注意力往往是实现买卖的大门入口。市集之内，同行者，千家万户，大品牌、老字号，处处皆是。货品在大街之上，要走在同行之先，那就必须在招引注意力上下工夫。

注意力受到牵动，本来的思维路向，就会随着注意力焦点的变改，在不知不觉中变改。这就好像我们的谈话一样，有时交谈之中，由于话题不自觉的转变，往往到头来，不知从何说起。

面对众多心思意向，各不相同的行人，商品买卖的关键是想办法改变行人注意力的焦点，从而改变他们的思维路向。

意欲是通过注意力行走的，只要注意力焦点被改变，思维的路向，自然亦会被改变。

绝大多数人，都具有散漫的心性特点。人们的心思、意向总是在有意无意之间流动。注意力被触动，心思意向，自然便会随着注意力的流向，而汇聚流动。

注意力是通过视、听、触觉的功能，行走于外。物欲与习性，隐藏在内。大街上的行人，本来并没有购物的心思，只是常常都会是大包小包，满载而归。那是注意力碰到亮点，物欲与习性被牵动的结果。

要改变人们思维路向，是要从注意力的焦点开始。当然，内容要做到一个比一个更引人注目。这样才能更好地使人们在不知不觉中，联想到他们家中之所需、儿女之所需……使人们那种在有意无意中的散漫心性，整合起来，具有建设性地朝着一个方向行走。

我们都自以为高明，我们的行为举止，都自以为是理智的，只是我们的理智不知道它往往会随着注意力焦点的转变，而随之运行其中。

竞　争

经贸之中，生意之行，是要聚财。市集之道，以聚人而聚财。聚财，有时有位；人心向财，故有财则人聚；人心情为，故情在则人恋，财情俱在，则人气盛。

人之向财，欲望之所现。欲力之推，使行为做事，争先恐后，此所谓竞争。显然，竞争是实现欲望的过程与表现，欲力在内里滋长鼓动，这样在相对个案中，竞争是以动态出现。这种动态是心态的外露，是"争取"心态的结果。以这种心态观取社会各界，自然，是整个社会都在竞争的状态之中。

这种心态饱含欲力，欲力鼓胀而生力量，推动着行为，不断地向目标迈进。

在日常生活之中，在绝大多数情况下，整体社会的运作，人们日常的各种活动，都是多多地体现着平静与淡定。人们都只是遵守着良知、本分、道德与规律，在不断地运作。遵守着承诺去完成使命。人与人相处相适，存诚互爱为本，并不一定有争取的心态。这种心态，只是偶然出现在利益冲突的时候。

这种冲突在平静之中，于是显得非常突出，成为人们意识中重要的时刻。这是人性的特点。比如，行走于大道之上，大道两旁平平无奇，几乎都是一样的，于是你对周围会没有什么记忆。只是当其中出现一种超乎一般的东西，那么，这种东西便会成为你的记忆。同样，平静中的冲突，当然也会注入我们的记忆中较重要的位置。可见，竞争是如此的重要。因为它时常是这般刻骨铭心。

"争取"的心态会是相对短暂的，因为利益冲突时所引发的冲动与心绪是线性的，而社会的整体运作是空间性的。竞争者向前冲行，所到之处有时有位，有各种环境因素，他只是在这个空间，这个时候的其中一点。由于时间与空间的不断变化，各种环境因素也随之变化。竞争者的欲望，是否可靠着众多因素中微乎其微、单一线性的个人力量得以成就。这恐怕难以测度。因为，欲望之所成，常常不是个人本身力所能及之事。唯大智慧者能通时与位变化之机，只是其人与世无争。何求之有？何争之有？以此心态观取社会各界，竞争冲突者，儿戏之事也。

"有竞争就有进步""社会的发展进步都是竞争的结果"。这是一种理念，整个人类都几乎认同这个理念。这在很大程度上，要归功于达尔文的"物竞天择，适者生存"的理念。

由于物欲的驱使，从来我们都只知道计较损失，而不计较利益。损失是不可取的，利益都是理所当然的，（永远也没有损失是理所当然的，得益是不可取的理念）。因此有买卖小心谨慎，货比三家。这"比"于是使竞争更显激烈，也难怪我们都普遍认同"物竞天择，适者生存"。

这些都是表象上的东西，容易形成于理念之中。而实际上，在表象内里，理念立足的实体却是另一个自我常不觉知的真实：损失、不断的损失、不自知；别人的损失、心痛；别人的得益、高兴；得益、不断地得益，都只是为别人的得益而得益。那是什么样的人啊！世上可有此人？

社会是由家庭组成的，家庭是力量汇聚的中心，我们所做的一切，几乎都是围绕家庭进行的。在一定层面上，离开家庭的人生意义、奋斗目标，几乎都是虚无不实的，它没有基础。

有一个姓王的有志者到澳洲悉尼半工半读，生活非常简朴清苦。我们问他："为何"？他说："为了家里以后的日子会过得好些，爸妈不用再辛苦。"不久，我在中国有机会问他妈："这般艰难送儿子出国留学，为何？"她说："为了以后咱家里和他都有一条出路。"

实际上，我们每天早出晚归，刻苦经营事业，挣取钱财，都只不过为家里人能过得好些——屋大些、车子好些、子女学校好些、父母的晚年好些。

我们的雄心壮志到头来，都不会比"家"大些。我们都是走出家门，去和别家的人竞争，挣取别家的钱财，再给家里在人享用。可见，一般而言，竞争是家庭以外的事。家庭之内，父母永远是损失者，只是他们都热爱作为损失者，他们总默默地用自己的一切，去让儿女得益。就像大地一样，永远供给我们所需的一切，不求半点回报。

有一个朋友对我说："陈先生真了不起，学问好，社会地位也高。"我对他说："那没有什么，真正了不起的，是他那已年迈的，目不识丁的双亲。"

天下的父母几乎都是一心一意，将自己的一切倾注在儿女身上，他们只盼望儿女们都能出人头地，过上好日子。他们那种对儿女好的心态，那种永远献与让的心态会是一种竞争吗？社会发展、进步的基础与实体，不就是他们那种献与让吗？离开这个献与让，竞争能有动力吗？

可见，情之以内，互爱互让，互相支撑；情之以处，"物竞天择，适者生存"。"适者"适于情理之内，"存者"为家情而存。父母的存在，大概是争为能献。父母们的早出晚归、事业争搏，因为要献，所以才争。

所以说：竞争是一种表象。只是争者在性情之中，用情而不自知其中之情用，而忽视其中竞争立足基础所在，那就是竞争的实体："献与让"。可见社会的发展、进步是"献与让"的结果。

由于物欲的驱使，我们都从个人的利益出发，本着个人的意愿，行事进取。我们常常是情到浓时，知情困，欲强以为进取，而不为困。实则，进取者，欲者，局也，困也。

欲强者，欲力强，理强，目标性强。只是目标的所成，十有八九不在个人的意愿之内。欲力再强，亦无济于事。个人的理念与意志是单向线性的，这与成就目标所需众多因素的多面性，时间性与空间性，差距太远。

某些事，就一定是在这个时候，在那个地方的那个位置成事。这与个人的主观意愿没有任何关系。因此无论竞争表现得多么激烈，欲望多么强烈，发展与进步还是可能会不出现。进步是一种结果，这种结果同样需要很多各方各层面的因素，在时间与空间变化的情况下，共同协力而成。个人竞争、进取的单向、线性所为，只能算是其中一个层面内的一个因素。然而，如果这个因素不进入这个空间，以竞争的方式接受碰撞，恐怕是连一点机会都没有。

现时很多国家的经济，并不是他们积极参与竞争，就会有很大进步。因为在个人的意愿以外，更多是各种因素随着时间与空间不断变化而变化依存。

我们都从自己的利益出发，本着个人的意愿行事，致使市场经济的运作在小范围内呈现一片乱态。表面上，这是一种社会分工，只是这种分工，在一定程度上，没有整合社会各层各界的主导力量。

有趣的是，这个乱态，在大范围里，在不规律里有着它非常严整的层次与规律。这就像大自然一样，小处无处不乱，大处的山林大地，布满有规律、层次分明，是乱中满序，序者何为？

表面上，我们好像都是从自我的利益出发，本着自我的思想意志去行事。然而在日常的运作之中，这些个人利益与思想意志，常常没有机会展现与成就。随之而来的却是无尽的不如意。期望与不如意交合所遗留的，往往是无尽的抱怨与不是。

人自私而要有得着，使鼓励与表扬受落，使指责批评不受落。得利生喜，失利生忧。

宽宏大量的人，对指责批评恶言，不为所动。那是他的强处所在，对于心胸狭窄的人，指责批评恶言，会是他每天的恶梦。人越弱，就越是不能示弱。故此，我们这些星斗小民，总是麻烦多事。弱者不示弱，反而要逞强，那只能迁而就之，不可揭弱，更不能揭其私隐。强者不能常常示强，反之要示弱。

人有不喜欢、妒忌或崇拜强人的偏好，而又有不能承受不比身边的人强的特性。要求表现突出是一种偏好，爱面子同时是爱表现好强个性的保护。在言语上压倒对方的同时，成全对方的面子，是消除对方对自己产生偏见，保持和谐的重要手段。这要求有胸襟与大度量，以圆滑这种局面与关系。

强者的进退，应该是时与位变化的结果，知时知位，方可进退自如。每一个人都想比别人强。强者因时因位的退让，表面是在成全对方。其实，常常是在成全一个局面，甚至是未来的一个大局，那是以退为进。

因着天赋智慧，小范围之内，对事对物，我们有一定的通透能力。比如：在一般的情况条件下，从早上的计划安排，到当晚甚至两三天之内的事，我们都很可能清楚地知道并实行。只是两三天以后、一个月、甚至更长时间，范围从家庭到办公室，再到其他领域的时候，我们的智慧，因其小而无法透达。因此我们只能预知常理之内，简单的明天，极少数高智慧的人，会比常人知道的更多，那是用智慧圆通的。

思想意志所迈向的目标，常常不是眼前或明天的事，它因为

不合实际而被喻为理想。这些理想在明天以外，接受各种环境因素，在不同时间与位置的碰撞。我们的智慧无法通透其中变化。因此，理想往往只是一种理想，这种为理想而奋斗的过程，在一定层面上亦可视之为竞争的过程，只是这种个性竞争状态，进入某个时间与位置，进入到其中可能出现的所有环境因素里，一起构成一个运行体。运行体的各种因素因着时间与位置的变化而变化依存。每一时，每一刻都有一个不同的结果，这个变化依存的过程，整体上是宏观的，真实的，不为个人的意志所影响，是处于平静泰定中运作，是平和而美好的。诚然，个人竞争、进取的心态，向外所表现出的行为，作为结果，只是一种结果，这个结果没有感情与冲动。它与致成这结果的整个运行体一样，处在平静与泰定之中。可见，个人视之为竞争的，实际上，并非竞争，它所进入的，是一种平静与泰定。所谓竞争者，心态也。

再者，表面上，我们每天的运作基本上都是经济的运作，是挣钱的运作。实际上，挣钱只是动机与目的，它是行为的推动与速成者。至于这种运作的过程却构成着我们生活的主要部分，只是它同时亦是疏导烦恼的过程。对一般人而言，活着就是劳作，停止劳作，则心烦意乱，度日如年。

在社区民众素质欠佳的情况下，一个社区要平静安宁，那就要让民众的心忙碌在工作上。那就要使他们做事。无所事事则心生事事，以致社区忙乱。要挣的是钱，忙碌着的是心与身。

发展经济,那是创造就业,从另一种意义看,让人们用他们愿意劳作挣取钱财的行径,去保持他们身心忙碌在工作上。

挣钱是动机,是目的。只是由此而引发的所有行为与问题,并不是动机与目的的所在。此中,整个过程所出现的情绪脾性……心境。劳作的过程就是疏导这些情绪脾性心境的过程,那是疏导烦恼的过程。

一般而言,行为做事之前,规划与布局是必要的。由于慧力因人而异,通透变化的深浅所引致的结果,也因人而异。慧力低,通透力弱,行为做事、妄撞妄为。慧力高,通透力强,行为行事,规划与布局之内,事成于平静与泰定之中,神识不动分毫。稳操胜算的规划布局者,取胜于千里之外,无声无息。此者,靠自然的各种因素,与他人的竞争,成事之美。他不在竞争之中,而使人竞争,以成其事,这是用智慧以圆通。

弱力者,以情感与冲动,为动力的竞争、进取,其妄撞妄为,只能在小范围内,添一时之乱。此所谓竞争所展现的进步,不足为道。

智者,坐山观虎斗,坐收渔人之利。此者,不在竞争之中,却通竞争之法道。

事业之行,天者造化弄物,德者普救众生,大者治国安邦,中者经贸;小者从业。

天者弄物,平静而泰定,无所为,无所不为,致使生命,生生不息。人者蚂蚁之作,风吹草动之举,常自以为轰烈。商界经贸繁荣，社会物质丰盛，常自以为竞争发展之果报，殊不知都只尽在此平静泰定之中。

健康论

肉體的成長只是一種結果，它是被成長的果實，就像樹上的果實一樣。

果實所存在的問題，它本身就是一種表示，然而在絕大多數情況下，要找尋果實問題的起因，卻是要到樹上來。果實不是從果實長出來的，它是從樹上長出來的……

世界

升腾着的生命

每天太阳下山后,地面上开始变暗,温度变低;冬天的时候,日照时间比较短,地面上黑暗的时间便相应增加,温度也相应下降。于是夜长昼短,天气显得特别寒冷;南北两极一年之中,半年不见天日,为黑暗笼罩,以致地面长年冰封。

显然,地面的本来面目就是黑暗寒冷。阳光不见了,消失了的时候,地面就变得黑暗寒冷。人散屋空,人离开了屋子,屋子便成了空的,因为它本身就是空的。阳光去了,地面就黑暗寒冷,因为它本来就是黑暗寒冷的。

早上,地面受光得热,水气欣欣上升。水气上升的时候,实际是地面上的热量向上散发的时候。当我们举着火把在黑暗中前行,火光照耀四周。稍加警觉,此时,我们就会注意到,火是永远向上升发的,它从来不会倒势向下。

火是向上升发的,火的能量是向上升腾的。

天寒地冻的日子,我们都喜欢吃热乎乎的食物,饱餐一顿,身体就发热,面孔也变得红红的。仔细感受,我们不难察觉,此时头部、头顶部位也是热乎乎的,脚掌部分好像并没有同样的热感,显然人体内的能量是向上升发的。

再放眼观看周围的花草树木、飞禽走兽,它们都是从小长高大的,都是向上长的。生命体都是向上长的,它们都喜光,都朝着光，向上成长。可见，大自然的能量是向上升发的，生命体内的能量也是向上升腾的。当人体内的能量向上升腾的时候，所有美丽的事情都会发生，那是生命在向上升腾。

头高在上

偶然的机会，与朋友外游登山，行至半山，时见泉水哗啦哗啦地从山上流淌而下。山中有泉水的事，从小就知，只是这一次，这些泉水留住了我的脚步，心中不时警觉地问："山顶上为什么会有源源不断的泉水？"

高山顶上长有树木，高大参天。众所周知，树木的生长需要水分的滋养。可水不都是向低处流的吗？怎么会跑到山顶高处？山涧泉水，就算是多时天不垂怜降雨，其流水也终年不断，只是山顶却不见有河流。

进过山洞的人都会有这样一种体验：夏天的时候，尽管暑热逼人，洞内却清凉有加；冬天的时候，天寒地冻，洞里却温暖宜人。

看来，洞里有一定的温湿度，这个温湿度，无论在什么时候，都会让人感到舒适。要使人感到舒适，那么它的温湿度一定要与人体温相适。人的体温是常年相当，山洞里的温湿度，却可使人终年都感到舒适。

这样看来山洞里是具有恒温，四季相当。那就是说，山地里有它的体温，就像人一样，具有体温的山地自然也有地热，所以在山体地热蒸发下的地下水，就会从下向上升发，这种升发就像地面水向上升发，不一定要有一定的路径，向上就是它的路径。这样我们是无法找到山涧泉水的源头，就像天空降雨，无迹可寻。

所以,高山顶上会生有树木。这些树木,抗风抵寒,不怕风寒雪冷,挺拔向上,那是山地浩大体温保养支撑的结果。故此,树根要深入地里去接受上腾水气的沐养。

人的头顶上有毛发,就如山顶上生有树木。毛发的生长需有血水的滋养。山中上行的水分不足,山顶的树木自然无望。人体内上行的血水不足,头发自然是失去其养殖的根本,于是发白枯黄或成为秃头。

涎　水

人体是一个水的载体，它里面充满水。只是水向低处流的道理在它里面并得不到证明，我们口中充满着，从不间断，滋润口舌牙齿的涎水，那是源源不断从腹中上行而来的泉水。这正如山中的泉水，人们喻之为生命源泉，我们口中的涎水却是古语中的琼浆玉酿。山中没有滋生泉水的能力，泉水就不能上腾滋养树木，人缺乏上行的涎水，人体的机能就不能运动，所以垂死之人，必定口干舌燥。我们的大脑高高在上，充满血水，头破了，血就会喷流而出，而不会在体内向下流行。可见人体内的血水都在不断上行，那是因为体内生命能量不断上腾，所以我们是站着行走的。当生命消失的时候，人就会停止呼吸，人体便不会具有那向上升腾的能量。它突然之间消失得无影无踪。这是，人体内的血水才应验水向低流的道理，于是，人要躺着而亡。

草　鞋

偶然之间，见到脚上的皮鞋，便生出一种困惑，脑子里不时问："穿皮鞋有什么好处？"

人生于天地之间，双脚踏地，两手行空，大头顶天。双脚不仅可以撑身以行走，他诚然是人地相连的渠道。天地生脚而行之于地，脚掌是一定要踩踏于地上，而不能只行于鞋上，否则，必生其害。

人体不是封闭的，它是浸养在大气的。此外，它有五大通道与天地相通，头顶百会穴、两手劳宫穴、双脚涌泉穴。

体内轻清之气上汇头顶百会，通天会神。浑浊凝重之气下沉脚心涌泉，而净化于地。

从脚掌排出的体气，被长年封锁在紧实密闭的鞋洞里，其中坏湿之气不但没有被净化，反而带着鞋袜的臭气，回到脚里去。特别是急步走时，脚掌排出的体气之大，就好似呼吸一样，脚掌被鞋洞封住，温热之气不但不能及时化去，反过来加剧脚掌的热度，致使其肌肉、血管、毛细血孔膨胀。这样湿热之气构成着脚掌的呼吸，并随着呼吸，沿着血管、经络上行，祸及五脏。

还记得劳作之后，刚刚水氽一般的皮鞋，变的一干二净吗？水都跑到脚里去，哪有不干净之理！

这样，双脚就在那坏湿之气中养育生长，几十年如一日，然后才发现，双脚开始变得不听使唤，身体的毛病层出不穷，于是无可奈何之下，感叹一声："老了！"

奇怪，怎样高科技下制作的最先进、最时尚的皮鞋，会远不及一双无人问津的千年草鞋？至少草鞋不会使人生病。

脚小在下

　　树木的生长是从树头开始，树头是埋藏在地里，在它生长的任何时候，树木的根部，躯干部都比它以上的枝叶巨大，无论他的躯体发生什么变化，只要根部不被破坏，适逢温暖雨露，枝叶还是会从根部发芽生长。

　　人的生长却有所不同，人站立的时候是两端小中间大，脚小在下，头高在上。树木是用强大有力的躯干与根部去支撑上身的枝叶，人却要用细小的双脚去撑起那巨大沉重的躯体。

　　年纪身材相当的两个人，一个可能会身轻如燕，行走如飞，另一个可能身体呆重，举步无力。看来支撑躯体的并不是靠双脚，而是靠体内向上升腾的气力。

　　生命能量丰富的人，身体内向上升腾的血气也旺盛。血气的升腾，自然向上架托起身躯，所以对于细小的双脚，身体并不沉重。只是当人的生命力受到挑战，人体内欠缺旺盛升腾的气血，身体的重量就压在双脚上。于是，对于细小的双脚，身体是越来越沉重。当双脚不能支起身体时候，人就倒下，慢慢倒下。因为人体内再没有向上升腾的能量。

血 液

　　生病了，看医生，那是我们生活的一部分。通常医生在不明病情的前提下，会从病人体内提取血液做检查之用。这些血液会先蓄藏在血库里，在运送到其他专门化验血液的实验室，等待化验结果出来，医生再以此判断病人的病症。这些诊治方法被认为比较稳重、准确，故几十年来，一直被应用在医生的日常运作上。

　　生命的存在都有其自我的方式，人是生命体，血液在其里面与其他成分一起构成人这个生命体。

　　血液是生命体内生命的一部分，它是有生命的。人体内任何东西都是有生命的。但是，当我们将血液从身体里提取出来，这些离开了生命体的血液，不再具有生命，它会变质发臭，我们通常都习惯地认为这些血液与人体内的血液没有什么不同，这可是天大的错觉。

　　具有生命的血液与没有生命的血液，当然具有天大的不同。这犹如一个生人与死人，同样是人，不同的是，一个活生生的，一个是死的。不知道天地间有什么差别，会比生与死的差别更大？

　　某人的健康状况一直良好。如果我们在他生前做过血液检查，又再抽取其刚死去的血液做检查，我们会发现，此人生前与死后的健康状况的检查结果是一样的。有趣的是，生人与死人怎么可能会一样？抽取刚死去之人的血液进行化验，我们是可以从中得知死者生前很多关于身体健康状况的信息。假如没有人告诉化验者，化验者可能永远不会知道所化验的血液是属于死人的。化验者可以通过血液判断病人的病症，只是他无法从中得知血液的所有者是生是死。病症显示着疾病，可不知还有什么疾病比死亡这种疾病更大、更严重？

问题在于，我们所化验的血液在其离开人体的那一刹那，早已没有生命！

可见，医生的诊症，时常是从一些已死亡的东西推断结论，再告诉我们这些活生生的生命。

不同的能量运行具有不同的方式与途径。人体内与人体外是两个不同的生命空间。

人体内是一个相对黑暗、封闭、充满水的空间，它里面骨肉相连，有一定的密度、湿度、透明度、柔软度，有一定的体温、体压，血液是在这样一个独特的环境里生存、运作，成为生命体的一部分。

而当血液被提取出人体内，到了人体外这个空间，充满空气、光明……这个空间完全不具备它生存的环境与条件，这样血液自然不能生存，这犹如我们本身，离开空气的环境，我们自然无法生存。

血液是人体养分的所在，人体全身上下的运行需要血液的滋润，血液和畅均衡地运转，决定整个身体机能的发展与健康。

然而人体需要的并不只是血，而是活活泼泼的血，没有活泼的血，养分会滞留，人就会变得没有生气。因此血压相同的两个人，是有可能有绝不相同的健康状况。血气活泼的人，就会显得特别有生气，且百病不侵。血气欠活泼的人，即会百病缠身，无可救药。血气欠活泼，体内所需养分自然不能正常运行，医生开的药也自然无效。血气要变得活泼，上行供应大脑与身心的需求，这需要体内有不断向上升腾的能量。

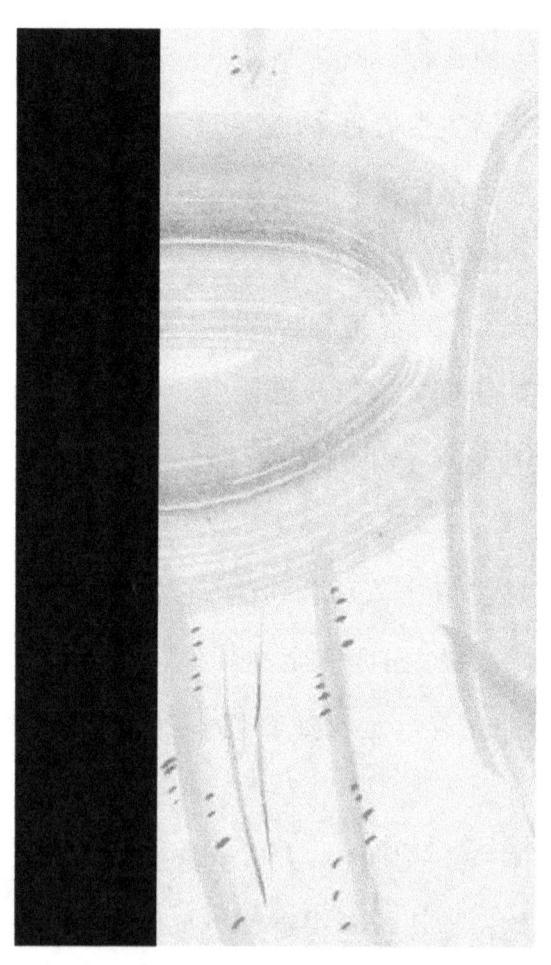

水 气

警觉的人们会清楚知道，当水沸腾的时候，水汽就会蒸发，那时，升腾的水气可以被清楚地看到。通常我们比较喜欢早上晒衣服，傍晚再收，只是湿衣服里内含的水分不知什么时候离去了。显然水汽的升腾并不一定需要煮沸水的温度。这些不断受光风所化而升发的水汽，在整个大地上浩然而起，构成了我们呼吸的空气。我们就活在这个升腾的空气里，在大自然升腾着的生命中！

春天的日子，天气暖和，这暖和是指人感到的暖和，这暖和是指大气温暖与自然生命体的体温"和"为一体。这样，天气，地气与生命体内的气，因温度相似相合，合而为一。生命体内的能量顺着地气的升发，向上升腾，于是整个大自然出现了春暖花开，万物生机勃勃，生生不息的景象。

可见温暖的时候，地面上的能量就会以水汽的形式向上升发。同样，在温暖的状态下，人体的能量也以同样形式向上升腾。那是生命的升腾，欢呼，庆祝，顺从这个升腾，那是生命的所在。

我们穿衣保暖就是为了保护身体这个生命暖炉。只有在人体暖炉的状态下，体内才能出现这个升腾，这就是人体内气与血的升腾，是生气与活血的根本。

在温暖状态下，地面水受光得热，浩然生发而成水汽。人体是水的载体，水在任何温暖的状态下，亦会向上升发，这种不断地升发成为体内上行不息的气。所以，我们要不断地喝水。

体气上行至肺部，受肺叶的阻隔而下行，所以我们的呼吸，在站立时，是上下移动，那是内气的上下升降。

大自然之内，水受光得热而上腾为水气，水气升腾到一定高度遇冷，而成雨雾，回落大地以滋养万物，人体的生机亦是以体内气血上腾来滋养维持。

地温加水，地里生出气来。人的体温加水，亦在体内生出气来。可见气的本身是水，而血的根本也是水。水可相通的对象只有空气，故古人云：水气相通，气血相通！

日出日落

每天,太阳落山后,地面上由于温度下降,本来飘逸在空中的水气慢慢下沉,地面上于是出现一层雾气。与此同时,树木的叶子也出现向下垂头的举动,各种动物亦归巢入睡,夜晚于是显得清静和平。

早上太阳升起,地面上水气受光,欣然向上,本来附着的那一层层水雾,慢慢消失,垂头丧气的花草树木不约而同地慢慢拾起头来,沉睡中的鸟兽也不知何时一同苏醒,载歌载舞。

夜睡日作,这不但只是我们人类的作息规律,也是那些花草树木的作息规律。整个大自然的生命都活在这个大自然里,活在空气里。空气与水的变化,直接影响着活在它里面所有生命的运作。

如果说我们是生命体,那么活在我们体内的所有骨肉细胞、神经系统、血液等,都是生命体,我们身体的任何变化,都直接影响那些骨肉细胞的生命运动。

所以,当大气之中水气下沉,树木的枝叶也下垂。显然上托枝叶的能量也大幅度减少,树木体内的能量随着水气下沉,而向体内深处活动。随着夜幕的降临,我们的能量也同步向体内深处活动,大脑于是大幅度减少了致使其兴奋的能量,于是我们显得有睡意。

早上,当太阳升起来的时候,地面上的水气受光,欣然上升，本来下垂的枝叶亦昂首挺胸。显然，树木体内的能量向上升发，托起下垂的枝叶。与地面水汽上升的同时，树木体内的水分因得光受热，带着体内的能量向上升腾。这种能量的升腾不约而同地亦出现在我们身体内，于是大脑因得上涌的能量而苏醒。

事实上，我们是大自然这个生命体的一小份子。大自然内能量的升降，自然也是我们体内能量的升降，违反了这个升降，我们是违反了大自然生命的规律，违反天道，我们的生命也就慢慢消失。因此，经常夜作日息的人是会生出病来。

我们至早上苏醒，心神一直在外劳碌，再加上一整天的劳动，能量不断向外流损。夜晚身体的能量顺势回流到体内深处，去安抚调理五脏六腑，以应付第二天日出以后身体的劳动，因此睡觉时，身体是内热外暖，四肢与身躯都显得柔软平静。

夜晚人体能量内沉，大脑不易兴奋。夜晚工作的人，由于要提起精神工作，能量随着工作外损，本来用以调理内脏的能量不能按时回流，日出以后再睡觉，可身体的能量又随大气的升腾浮游于内脏以外的身躯四肢。日积月累，体内五脏能量因时常不足以调理其本身的运作，以致力不从心，生出病来。

风 邪

大自然一年四季,白天黑夜的转变,带来寒、暑、湿、热、燥、光、明、晴、暗、静等变化,使我们的身体有不同感受,引致千百种不同的疾病。

每逢刮风下雨,得病看医生的人会猛增,被阵风吹袭,身体就会犯感冒、头痛、发热、发冷……

显然我们身体的病变是跟风连在一起的。风中冷、热、燥、湿的变化,使我们的身体有层出不穷的病变,就好像是中了风邪一样。

身体的外围肌肤与风是连在一起的,受风而起的疾病都从肌肤开始。

身体虚弱的人,肌肤的皱理较疏松,欠结实,阵风袭来,寒湿之气较易冲破这个防线,进到肌肉里。肌肤的毛细血孔,遇寒自然收缩,身体就会感到绷紧,体内由于缺乏旺盛的能量抵御寒冷驱除入侵的寒湿之气,以致肌肤的毛细血孔,一时不能正常开合。寒湿之气被滞留在肌肤以下的肌肉里,肌肉神经受寒收缩,使肌肉内的血液动作失调。这样,体内没有送出足够的能量,寒湿之气又从外不断袭来,肌肤的某些血液因欠活动能力,而凝结成团或被杀死,于是显出紫红色的颜色。

寒湿之气侵入到体内,扰乱稳定的体温,体内的能量因一时得不到调理,内脏受寒自然收缩,于是身体要打个冷颤。体内薄弱环节因在能量调节过程中得不到足够的能量，使其运转欠佳，故在身体上显出病的信号。这样，不同健康程度的人，所显出的疾病就自然不同。

生　气

陆地上的生命都是生存在气里，它是气里的一部分，这就好似鱼活在水里，它不能没有水而存在，水是它的天空，它是属于水的。

我们人类是属于气的。人可以因缺水或食物而死亡，只是，决定生与死的，好像并不在水和食物里，人只要还有一口气在，他还是生的。人若没有一口气在，那才真正是死了。有气在，水和食物都有用。没有气在，不知还有什么可用呢？

有气，才有生命。显然气是赋予我们生命的，它是我们生命的最重要组成部分。

只是我们从小就在气里长大，它不多，也不少，我们从来不会有对气需求的感觉，只是当到了呼吸稍微有不足时，这种需求的体验才出现，可惜的是为时已晚，此时我们的生命已濒临死亡。

我们往往是活在气里，而不知道气的存在。几十年活下来了，对自己生命的最重要组成部分，还是一无所知，因此到了呼吸有所不济时，我们都束手无策，只会找些药物之类来虚充场面。肚子饿了，当然要用食物充饥，呼吸不足，那么找什么来充气呢？

我们早出晚归，为求两餐一宿，食物确实来之不易，可会有谁早出晚归只为求气呢？有谁知道我们所呼吸的气比食物更来之不易呢？

看来我们是活得有些荒唐，人没有气息就会死亡，可是我们对气却一无所知。

大自然之内，能量的升腾，气是载体，因此，寒、暑、湿、燥、热、光、明、晴、暗、静的变化都反映在气里。人体之中，能量的升腾，气是载体。因此，人的生老病死都反映在气色里。

人体其外与大气相连，浸养在大气里。人体其内运行于内气里，以内气为生，所以人体机能的运作都以内气为动力，内气消失了，动力没有了，人体自然会死亡。

垂死之人，气满天地，穷尽所能，而不得气。可见人所需的并不是气，而是生气。人若缺乏富有生命力之气，人若缺乏生长此生气的能力，那么死亡就会临近。体内生不出气来，血水的运作失去动力，全身的机能就失去操作的能力。所以，与人而言，气绝则身亡。

自然保护区

健康是人体生命力旺盛的体现，它是人体内里生命长成的一种结果，人体长成是健康，它就是健康的。人只有在这种状态下，生命才更美丽，旺盛。

天地之间，自然为大。人与草木之体，自然殖养而生，平等正大，故为完美中的完美，自然中的自然。人以其之完美自然，吸纳草木自然完美的果实，当为天造地设完美之食。

生命，降临草木，草木扎根而长。它降临人间，婴儿呱呱落地。

人体是自然所出，而只为自然的一种表现形式，有着它本体固有的生长方式与规律。简言之，自然就是它所有的规律和方式。

人为可做的，大概是热了脱衣，冷了加衣，饿了进食，渴了喝水，困了睡觉。

这些人为可做的，实际上，亦只不过是人体自然生命所需要的，它们的到来是这样自然，不可改变，改变只意味着病痛、死亡。

饿了不吃，当然是会死亡的！

人体内外，为大自然，人体本身亦不失为一小自然。它体现在人体里是生命，人体内里的生命，遵循人体这小自然所固有的规律运转，就像天地要遵从大自然所固有的规律运行一样。

这种生命的自然运作，是天地间最完美的运作，任何人为意志的侵入与改变，都只会造成对这一完美的破坏，对人体这一小自然所固有生命规律的破坏。这种破坏的结果，就是疾病。

由此观之，健康既为人体内里生命自然运作的结果，人体之外，当无健康之道。要是人体健康，唯有融入人体内里的这一自然，使这自然成为自我，使自我成就于完美。

当今之世，有自然保护区，与非自然保护区。大概自然保护区以外，都为非自然保护区。那里是人为意志思想横行之地，自然保护区是意味着，不加任何人为意志的干扰，让那里的生命，按着其固有的样式，生化，发展。

因此，我们始终发现，不管人类科学何等的昌荣，人为可做的，从来就不如自然所做的圆好。科学研究可以做的，最多只能是尽量接近自然。

我们本身就是生命。自然里的生命，又怎可超自然呢？现代人将身体视为思想行为的工具，身体就如汽车，被任意驾驶。它的存在，只是与生俱来，满足七情六欲的工具。除此之外，并无他用。

这样身体这个自然早就被糟蹋得伤痕累累。然后慢慢身体感到有所不济，再求医问诊，医生们再将身体当作药物堆放的场所，继而，大谈健康之道。

人世间竟有这等儿戏的事！

更可笑的是，代代如是，从不觉醒。

人体本身就是自然体，将之划为自然保护区，还它一个自然，送它一科学极峰的妙药，不就成了吗？

从观大地，可怜自然保护区不过尺寸之域。地球从来就不是人类所爱护之地。它从来只是他们的生杀抢掠，满足七情六欲的场所。视人体为自然保护区，更当为荒诞之说。

现代科学下的人体，就像机械一般，由各种零件组成，只要不断更新零件，机械便可不断正常运转。

因此医学上出现换心、换血、换肝的事，西方医学没有比这

更高明的。只是人换了新的心脏，并不见得像机械那样正常运转。他同样面对百病缠生的躯体。

只是一个身体健全的死者，无论怎样更换的心脏，注射高明的药物，结果都只能是越搞越垮，生命总不能从他那里出现。

现代科技可将一块木所含的元素完全分解，可是将被分解开来的元素组合起来，却不能使木块重现。

有趣的是，我们都认为木块内含烈火，火触则燃。只是火，从来没有被从木块里分解出来，它只被认为是一种现象。然而，火却是真实存在之物。风是物，水是物，火当然亦是实实在在，燃燃之物。

人体的组成元素，当然亦可以像木块那被完全分解出来，只是体温却无从得知。人体和所有细胞元素都是在体温里长出来的，我们怎么可以脱离体温，谈论人体的组合？

现代高科技仪器下的人体，大至骨头，小至细胞，无不历历在目，只是我们却无法得知体温的来源。人体发热，体内一定会有可发热之体，然而，我们只知其热，却不知其所以热。体内会有发热体之说，更只能是猜测之词。饿了进食，就会饱足，令人精力充足。食物在此给我们的信心，无与伦比，它使我们理所当然地，将体温体能的来源，归到食物上。

科学家们认为食物里含有着人体所需的所有能量，犯病用药，就是佳方，话及另有高方的，亦被贬为怪谈之说，不屑一顾。人有两种，生人与死人，如果说食物是体温体能的来源，那么，食物用在死人上，也一定会赋予能量。有趣的是，这只发生在活人体里，死人体里的食物，只能是腐烂的催化剂。

我们的身体与其周围的事物都是物质的。这是我们理所当然的感觉，只是这个理所当然使我们看不到一件多到难以察觉的事。每天，我们要进吃瓜菜、肉等一大堆。通常我们是把这些食物，放在冰箱里，以免容易腐烂。食物腐烂，人吃了会中毒得病，甚至死亡。奇怪的是这些食物放在人的肚子里，不但没有腐烂，生毒，还使我们饱足，充满力量。

瓜菜、肉等堆放在台上，几天就腐烂、发臭。

瓜菜、肉等堆放在人的肚子里，就使人饱足，有力量。

这事实在奇怪的美妙！身体与那些瓜菜等有什么不同，都不是物质吗？

如果不是冰天雪地，食物放在任何物体的任何地方都会腐烂，只有在人或其他动物的肚子里不会腐烂。那么我们的身体是物质吗？

一位朋友跟我说："开心固然重要，只不过开心不是物质，它不能像食物那样让人充饥。"

我问她说："你开心时是怎样的？"

她说："这我很清楚，开心时，人会显得轻松，步履轻盈，面目生光，饭也可以多吃两碗。"

"那么，不开心，又是怎样？"我问，接着她说："不开心时身体好像很沉重，做什么都没有兴趣，走起路来，举步无力，脸黑面沉，食不好，睡不安。"

于是我说："那么开心是物质吗？"

开心与市侩的物质好像并无瓜葛，只是人开心的时候，显得特别富有生命。可以令生命变得更富有生命的东西，不是比物质更重要吗？

如果说我们的身体是物质的，那么我们是物质吗？我们与我们的身体是同一样的吗？食物装在我们的肚子里，就使我们饱足、充满力量。

食物装在死去之人肚子里，就腐烂、发臭。

同样是人，不同的是，一个是生的，一个是死的。显然事物本身并不可给我们能量，是生命力将食物转化为我们身体所需的能量。

这样看来，我们吃用的瓜菜，它脱离生命以后的命运，只能是腐烂，它所含的能量信息，并不能直接作用于人体，它的作用必须通过我们内里的生命运动才得以成就，那是我们内里的生命力将之转化为身体之用。

纸不会自燃成火，将它放在火炉里，火上加火；食物不能自展其能，将它放在生命里，能上加能。

熟 食

树木的生长与死亡，与人类一样，自然而然不为人知，它的肢体受风吹日晒之化，其中轻清上浮的能量物质（如气味），与水分被散发到空气之中，树木于是慢慢变得干枯，富藏热能，火触即燃。

枯木再不断受光、风、水之化，解体而成泥土。

树木不是从树木里长出来的，它是从地里长出来的，它的肢体自然是要回到地里。在绿草丛生，树木丛林之地，各种飞禽走兽，流连忘返。那里老虎以小兔为食，小兔以野草谷物为食，老虎的肢体先由野草谷物传到小兔，再由小兔传到老虎。野草谷物与小兔的肢体，再而成老虎的肢体。

人以草肉为食，肢体的构成与老虎小兔同出一处，都是野草谷物。自然，人的肢体与树木野草一样，要入土为安。

泥土就是泥土，它只属于泥土。

可见人类肢体的生长依靠树上，可以赋予肢体的食物。大自然中，绿色的花草树木是所有生命肢体的所在，也就是说野草水果之类是最美好的食物——素菜之食，乃是完美之食。

熟食是人类食物范围的一大扩展，使吃肉成为可能。几千年来，人们一直认为用火取食是人类智慧发展史的一大进步，实际上在某种程度上，这只算是一大倒退。

树上的果子黄透了，就会落到地上，不出几天，就异臭冲天。这是果子腐烂时,释放出来的气味。异味从果子来,而能飘逸空中,它自然是果子中最轻清之物。

任何食物在加热情况下,几乎都会散发出气味,味是食物中来,而能飘逸空中,它自然是食物中最轻清之物。这可上浮空中之物,在人体中亦可升腾而起。这样,人体内固有的生命能量就会容易变得活跃。

如此吃用,几十年如一日,人体自然会长的较为呆重,肉色欠缺鲜度。

这样看来,熟吃是完整食物的破坏。熟吃文化的鼓吹与宣扬,是致使人类失用完整食物的罪魁祸首。

现代中草药的制用,是通过加热,使干枯木块草料中所有的能量物质,分化在水里,再将此药水给病人饮用。

干枯的木块草料,其最美好的部分,轻清上浮的能量物质,已随风吹日晒,耗费在空气之中。只是在我们的经验里,它要是再被加热一到两小时,才有药用。当我们嗅到药气满庭的时候,其中可上浮空中的轻清之物,已耗费到所剩无几。病人所能饮用的,只不过是些残渣罢了!

热气病是广东人的一大"绝症",它只有一种解药——凉茶。犯热的病,要用"凉"的茶冲热。

干枯的木块草料,本来就富有火触即燃的热能,将之放到水中加热两小时,其中轻清之物,当然早就无地以存,何况干草木本身就不是什么清凉之物!再者经受火温洗礼之物,不是热物，又是何物？

火受热会被蒸发，可其中的颜色即不容易被挥发，加热时间越长，凉茶之色越浓。浓者药物也。然而它却是沉重中的沉重，热中之热。

显然，凉茶的作用是以"热攻热"，而非以凉御热。

从食用到药用，我们所受用的，都只是热熟后的残存之物，食物中轻清上浮的能量物质，从来就没有为我们所吸收利用，食物与医药的研究永远都局限于干枯残存之物。可想而知，高明现代科学的高明。

肉　体

　　肉体的长成只是一种结果，它是被长成的果实，就像树上的果实一样。

　　果实所存的问题，它本身就是一种表示，然而在绝大多数情况下，要找寻果实问题的起因，却是要到树上来。果实不是从果实里长出来的，它是从树上长出来的。

　　要找寻肉体病变的起因，亦不能在细胞的组成与元素中搜索。肉体所有的骨肉细胞与其中的组成元素，同样只是长成的结果，就如同树上是果实一般。

　　肉体不是从肉体里长出来的，它是被生长的，自然它是被长的。使它生与长的，是它里头那赋予生命力的生命，肉体是从生命里长出来的。

　　病变长在人体，问题不在病变而在人体，它是人体生长的结果。这一结果表明，人体生命力的衰退，这个衰退，便是所有层出不穷病变的土壤。

　　对症下药之道，只能在生长病变的土壤里，将病的体位稍做移动，使A病体转化为B病体，它不具备赋予人体更高生命能量的能力，所以医道不是对症下药，移肝换脾，表皮之学，它是应该回到更上品的本位上来。

　　归根到底，医道是培植更高生命力，使人体这一土地，更具旺盛生命能量之学。病变的克星，唯旺盛的生命能量。天地之间，仅此一药，别无他处。

赋予人生命力的生命，是人体生命力的源泉，它附着水，气与食物的媒介作用，源源不断地向人体输出能量。

这就如大河之体，源水不断地从上源汇聚而来，源水清纯，只是河水却变得混浊。河水之浊，根不在源水，而在沿流河体之坏。

同样，一般而言，人体之坏，根不在生命源流本体，而在人体运流生命能量的通道。

一幅土地的生命力，体现在蔬菜的生长上。每年春耕，田地的主人施放粪料，疏通水道，然后落种下苗，再等候阳光雨露，风调雨顺。

田地的粪料充足了，但是，如果水道不顺，水不到，再之光不应时，风雨不调，那么，粪料只能是粪料，田地不会因它而有所得，蔬菜自然亦不可能健康地茁壮成长。

人体正如一幅田地，食物正如田地所需的粪料。然而，没有畅流生命能量与食物养分的通道，风不调，雨不顺，食物再充足亦枉然，这样，人体当成腐烂之地，生长在人体内的骨肉细胞，自然百病丛生。

人体生命能量运流的通道，不是人为意志所造，我们人类本身对人体生命微乎其微的认识，当然也不能对此有什么作为。

人体为生命所出，它的骨肉细胞能量运流的通道以及其他的所有，当然亦为其内里生命，靠着生命里来，充足的能量，自圆其道而成。

人的形体，不是其人状的外形，它实际上只是其内里生命能量势态成型的载体。人体是生命能量的载体。河流缺水，两岸草亡，堤自垮。人缺能量，百脉不通，体自坏。

显然，生命能量是人体的所有，人体仅靠它自圆其体，人为可做的，只能是保护着人体这一生命暖炉，避免生命能量过分外泄，便功德圆满。

注意力

体育运动是整天坐在椅子上的城市人的事，对于绝大多数早出晚归，劳作于山间田野的劳苦大众，这恐怕有点多余。他们早就受够了长期劳作运动的精疲力竭，病痛苦楚，以致形体消瘦。

对于只坐在椅子上过日子的城市人，运动的确是如此的必要，他甚至令人振奋充实。

身体整天不动的人，每天运动半小时，当然是有绝对的必要。

事实上，这半小时运动所引致热血沸腾的感受，确实令人感到有无限的充实与欣喜。难怪体育运动顺理成章地。被有文化的城市人视为增强体能最理想的途径。

然而，这半时一时之后的持续运动，就像农民在山间田野，日晒雨淋的劳作运动，确实从来也不会令人充实欣喜。相反，这些运动只会带来疲劳辛苦，因为持续运动所带来的结果只有疲劳。

常规性体育运动，是通过体能大量的消耗，以强身健体。体能大量消耗的过程，当然不是体能增长的过程，因此，体弱多病的人，不能参与这类运动。

马拉松运动员，意志难能可贵，他们都只有一个目标，争取比赛第一，更动人心弦的是成为奥林匹克之冠。

为能一鸣惊人，他们刻苦顽强地用身体去面对挑战。

每一次挑战所付出的是耗费大量的体能，每一次的胜利，都是身体再次衰败的结果。他们是站在不断衰败的身体上去欢呼胜利。

胜利之时，便是身体健康衰败之始。

人体生命能量，简称体能，失去了它，人体便没有什么可谈的。

体能人人讲，天天讲。无知者唱之，有知者读之，有能者论之，只是体能到底何物何存？无从定论。

体能既为人生的所有，要使人体健康，首先要清楚知道体能存在的形式。人体与生俱来，自生自长，体能又无形无象，不可琢磨，它难以被认识。事实上，自古以来，从来就极少人对体能有所认识，至于体能到底何物何存，自然更是鲜为人知。

显然，体能健康，泛泛之论，多为虚有之言。因此，尽管健康人人论，总是病变人人生。

书为纸张，文字所成，它不具有吸引读者体能的能力，然而阅读书刊的时间长了，我们都会有累的感觉。

我们之所以累，一定是体能耗费的结果。这说明体能在以某种形式向外渲驰。

当聚精会神将注意力集中在书上的时间长了，我们就都会有累的感觉。这事清楚告诉我们，体能通过注意力在慢慢向外流损。

实际上，将注意力集中到任何劳作上，都会使人疲倦，这当然也包括一般性的体育运动。注意力没有被集中到劳作上，劳作自然不能实现。劳作的所在，是注意力集中的所在，注意力集中的程度越强，人就越容易累，这说明体能耗损越大。

一只小鸟，每天不时地在你周围无声无息地飞来又飞去……这可能会给你一种意想不到的写意。然而如果有一个人不停地在你附近无声无息地走动，就像幽魂般，相信你绝对不会有写意的感觉，相反你可能会感到浑身不自在。

一群充满怨气的人们在你周围，虽然闭口不言，只是你会清楚听到那怨声。应该不是听到吧，那无论如何也是知道了。

埋怨是意向较专注的一种执着。富有埋怨的人，身体之中无时不存在有一股强劲而不断内燃着的烈火。那是意向专注所带有的能量。

可以使人体发热，而又充满力量的，当然是能量。

怨言所带有的意向当然也相当专注，至少，它所带的能量会比一般性的说话多出几倍。一般的舌战，难敌半时一时的疲倦，怨气之话却常常可以几小时诉说不休。

欣赏、赞许别人对你的任何说话。向你而来的说话，一定有注向着你而来的注意力，这注意力带有丰富美丽的生命能量，打开胸怀，心情享受这无上的恩惠。别人持续说话一小时，就会疲倦，那是体能随着说话的意向在流损，我们何不坐享这份恩赐？

仇恨是更高级的一种执着，它更具无上的，使人体沸腾的能量。当埋怨仇恨的对象趋向着你，对方所有的能量都因你狂奔而来。不要轻易放过这个天大的恩赐，放开怀抱，欢迎享受这能量的进入。

恶言骂人、一言气上、二言气满、三言气爆。人因气满而爆，以致生死相搏。"爆"是体内能量一种被激发的状态，此时，其人力大无穷，无往而不前。只是身中哪来此无名之火？它可使身体发热起来，这可是实实在在、真实不虚的"真火"。

有趣的是，他人随便的三言两语便可点燃起这巨大的火源，触动到身体内难以捉摸巨大能源深处，此中的能量到底从何而来那是一股导向生命最深处的力量，那是……生命奥秘的通道所在。

由此观之，**注意力里充满能量，注意力越专注，体能的流失越大。**

人体看似封闭，体能除了耗用于人体本身自行运作以外，体能并无缺口以外流，事实上，向外的注意力是一个无形而又不可填补的大缺口，体能源源不断从那里流淌而出。

生活，生活，我们都因着"生"而活着。无"生"自然无"活"，"活"显然是"生"的体现，"生"理所当然是"活着"的根本与中心。

然而，事实并非如此，一年三百六十五日，我们早出晚归，为求两餐一宿，名成利就，注意力无时不在身体生命以外游荡，体能自然亦随之外游。**我们生活的中心，显然是在人体生命以外，而非生命以内。人体生命能量从来就没有机会归源本体。**

体能值得注意力外游而流损，注意力所到之处，体能顺之而耗。注意力里面满载有能量，如果我们将注意力放在人体之内，那么体能当不会耗费流损于外，而返能保持于人体之内，不致外驰。这样体能不回自回，思想意志不为而体自为，许不妙哉？

这个注意力对象，从人体以外到人体以内的改变，是生命能量外流到回流的变迁，是倒转乾坤式生活中心的改变，这个改变使人体生命能量的归源本体成为可能。

古今中外，养生固体之术，皆无过于此。

从出生到死亡，我们苦历一生，生命能量只随注意力外游而流损。因此，保持能量的最小外泄，已算是体能最大的巩固。这种巩固，实际上是生命能量之回流本位。只要这个体能的巩固得以实现，人体便有比一般人多的能量自圆其健康之道。

随着体能的旺盛，接踵而来的是智力的大幅度提高与开发，这是智慧的升华，它体现在穷不尽令人无限惊喜的"悟"。有了悟，我们便有可从大自然中感悟无限知识的能力，我们知识的来源，不再只局限于微薄书本，我们会开始有所发现与创造，成为一个真正充满能力的人。

我们一生，从年少到年老，思想随注意力在身体以外漂浮，生命能量永远都只是在外流。实际上我们的生命能量是自懂事

后，是在不断减少，直到死亡。

因此我们的智力，从懂事起就几乎不再增长。大脑智力的开发，需要的是生命能量，生命能量的不断外流损耗，当然只能减少大脑智力开发的程度。一位富有学问才华的成年人，他们智力可能不比懂事小童。

这样看来，普通应用引导儿童智力的方法，对真智力的开启，并不起作用。如果这些方法有作用，那么，他对成年人的智力开发一定也起作用。然而，人之为成人，好像一切早成定局，至少，没有人会认为成年人的智力，可再开发。

以大脑的智慧去钻研大脑的奥秘，看来是有点不自量力。

智慧从大脑生出，大脑对于他的智慧，当然是更为神秘莫测。如此看来，因大脑而来的知识与经验，当无法触及大脑的密门。因此，大脑的密门不能以知识经验开启，大脑的工作越是繁重，它的密门就关的越紧。

可见，人类社会的发展进步，并不是科学的结果，而是大脑智慧开发的结果。科学的结晶是大脑智慧的产品，其他的所有，所起都只是副作用，人类科学的问题，是大脑智能开发的问题。归根结底，是人体生命能量进升的问题。

心息相依

手指与脚趾是离心脏最远的地方,手脚冰冷最主要的原因是心力不足与血气欠盛旺,静心到位,可以帮助解决这个难题。

但也有办法可解决一时之需,那就是:静坐下来,喜乐放松,舒适为度,有意识地将呼吸轻轻地停顿一下,吸气时,将气慢慢吸到尽头处,有意将这个尽头加长,长到大概到尽头了,再有意识地放开呼气,等呼到尽头了,又有意识地将尽头加长,长到大概尽了,再有意识地放开……这样往返不断,血气会马上满身充盈。

当下的"一心一息"就是我们的所有,将心放到身体的呼与吸上,那自然是所有中的所有……

此所谓心息相依,千古不传之秘,所有修持的法根……法中之法!

辟　谷

辟谷是身体脱离食物的一种状态，表现为断食，而实际上，那是人的耗氧量、耗血量、耗热量等都减少了，整个基础代谢水平下降，人处于一种高度节约的状态。人体耗能降低，储能自然会相应地增加，当储能到一定数量时，就会从量变到质变，使人的很多功能得到调整，使人体在一定时间内或长时间，无需进食而能：1. 不饥饿；2. 不想吃；3. 精神充沛；4. 保持一定体重。这种身心状态称辟谷。

辟谷者除了人体在高度节约状态，更重要的是人体功能使其所需能量不再只限于食物，它能从周围空间，通过体呼吸与意念作用，获取人体所需能量，就好像植物靠与阳光发生光合作用，获取能量一样。

时尚之辟谷，如果不具备以上4个特点，应该是断食，那是主观地用断食的方法，去调理身体。

本人深知自己现在的身体状况是30年来静心修持的结果……本人愚钝，然，深知静心修持的重要，近30年来每天守持静心一到两小时，从不间断。静心修持，没有什么好处，也没有什么坏处。我个人体验所知，只是周围的人每天要吃三顿饭，我好似一顿就够了，身体从来没有饥饿感，近30年来，身体从来没有不适的感觉，连发烧感冒也没有，每天总是充满着活力，脚步轻盈，身轻似燕，身体柔软灵便得像小孩。我总觉得这都是静心带来的，也总希望别人也能学做静心……

于是，我计划了这次辟谷。

2019 年 12 月 4 日于悉尼

上药不药

健康的时候，运动富显生命，我们因此感慨而大言"生命在于运动"；病痛的时候，运动者损能易逝，我们只见"死亡在于运动"，生命因体能过分损耗而易逝。只是"生命在于运动"，那血气沸腾的美丽，太受我们喜爱接受，慢慢地，它成了我们健康的标志。可惜，那是在一定程度上摧毁健康的偏见……

人体是生命能量之载体，人者之体弱或病残，实为体能因过度损耗，不足以支撑五脏六腑之圆满运作，以致体内之薄弱环节，随着早晚与时节的变化，应生种种病症。凡人心思作业，心顺气顺，五脏安慰，愁思不起，六腑圆和；心抑气逆，五脏欠安，六腑不和，愁思遍联叠起，如风起云涌，势不可挡，实为体能因过度消耗，无力以定神固志，以致精神状态分裂欠实。志弱与久病者，常因惊恐内惧，神志堤崩，以致体能决堤，无以回生固体，因人因时，引生出种种病症……

人体是生命能量的载体，它的骨肉细胞，与其一切的所有，仅靠体能依存运作，我们可作的，只能是最大限度地减少体能的损耗，那便功德圆满。健康的根本不在于一般性的体育运动，健康它无处可寻，仅藉身心富能印证而得。

气血不行，五脏无能；气血充盈，肢体全能。人体器官五脏的运行，都是靠气血的充盈来实现完成的。人体就像一个气球，气少了，气球会显出很多皱纹，我们不断地想办法去修补，却忘了充气。气足了，皱纹自然消失，哪来修补？

人体是生命能量的载体，能量充足，四肢五脏气血充盈，就像个丰满的气球，无需修补；能量不足，人体薄弱环节，得不到气血的充盈，自然会显出"皱纹"，只是这些"皱纹"会越补越坏。

人体的能量载体有很多，其中以气最为显要，最为人知。血是人体器官的食物与养分，血的均衡输送决定五脏器官的功能寿命。然而，血只是血，无论它养分如何丰富，没有内气从中充盈推动，它无能为力。

健康去病之道，不只在医药食物上，更在体能的载体——气上。人生病了，那是体能欠缺的表现，唯体能进升，充盈补缺，"皱纹"方修。

人体就像一块田地，无论内里养分河道多好，没有体能"气"的充盈，则百病丛生。气到了，则活灵活现！

灵魂真体

曾几何时，亲朋戚友离世远行，人体躺摆跟前，我们却望着远方，呼喊他的名字，说走好！那是因为躺摆着的人体，它不是人，离体远去的才是真"人"。他在人活在，他去则人亡体灭。他是一个无形体，他包含人体，他抱拥着人体，他周而遍布人体周围，他仅可被觉知，但又不可名状，它叫灵体，佛家称中阴身，现代科学称奥光，灵体凭借依靠性体的大能，赋予人体生命与智慧，使七情六欲运行其中。灵体的中心灵魂位于两眉中间入目三寸之地，俗称泥沟。性体无形无象，恒古不衰，它是生命的根本，肉体依靠灵体承托性体的生命能存活。

"性"是生命生发的根本与所在，就人体而言，生命生发后，人体依着灵体所存附的业力，顺靠性体的生命能量，使人体生命能量的运行构现出一定的程式与格局——俗称性格，这完全是灵体所带前世业力的结果，其实，这也正是我们的本身与当下。

我们都好似不断地用自己的方法去善待自己，结果却都不约而同地，越来越多病，医学、药物、运动用尽了，都无济于事。那是因为人体五脏的健康只建立在其深沉的微循环上，可惜我们日常所作，都无法触及微循环，而只能被固有的微循环牵着过日子。顺着我们自己的自然与喜好，做着自己过日子，那便是顺着我们五脏深处所固有的微循环的自然，这样我们的健康将永远无法被改变。

只有包养着人体的灵体健康,人体骨肉细胞未生长前的最微最细处,微循环才会有健康,医药食物,才有可用之处。健康之道,不是医食之道,它应该回到更上品的本位——灵体上来。所以六祖惠能说,"把这烂骨头掉了",起修方行。

……如果说世间事事都是我们人生智慧所经营的结果,那么,我们身体的健康也一定是我们人生智慧经营的结果。我们转转一生,身体欠安,归根到底,那正是智慧缺位的所在。智慧圆满,身心自然圆满无缺……

一 念

心田意土中，一念的生发，不仅仅只是充满了心田意土，更是充满着整个山河大地，以致无边明净。

念想，时常不断地破坏着我们心田与意土的圆满，以致我们的山河大地也失去圆满。"一心一念一天地"就是圆满！这样，我们的呼吸也就圆满，我们的呼吸不会因情欲的妄求而被左右，我们的动作、思维、声韵因能常合于呼吸的节奏，合于五脏的呼韵，而能使我们体内所有的骨肉细胞都能常活在其圆满的生命之中。一念一山河，满满的，哪有不圆满之理；杂念填心，满满的，身体哪有不坏之理？

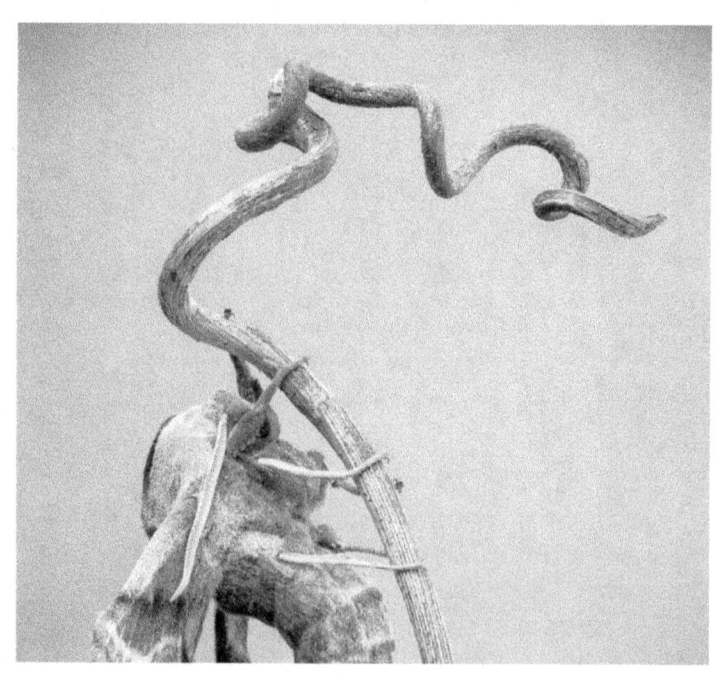

欲 幻

我们生来就是一个能量体，只是能量极之微薄有限，绝不像太阳那样极大得无限。我们将心神放在所要做的事上，以致无事不办，其实，这个过程也是我们生命内能对外的一种放射，这放射的结果是把欲望所追求的事办好了，然而，我们每天并没有感到充满着力量，反而是充满着疲惫与劳累，我们都是每每拖着疲惫劳累的身体去追求完成所谓事事，结果是疲惫了、累了，健康没了！追求都是欲望设想搭造的，当然对于欲望，它所追求的一切一切都是真的，只有站在欲望后面的人，才知道那只是幻觉，才会知道欲望的追求者都只活在梦幻之中。我们都在错误地将极有限的生命能投放到无限的梦幻之中，幻幻相续，生老病死，只推究于年事。身体健康，那是我们的一切与所有，它一定只属于每天感觉力量充沛的人。

体 热

在我们的经验里，没有倒势下向，内燃内发的火能热量，火都是上向外燃，热能都是上向升腾外发的。能量外发外散之处，不是聚能之所，那里的能量会越发越小，当我们能感到热量的时候，正是热量热能外发外散的时候。

身体四肢强烈运动，身体会出汗发热，体能快速大量外发外散，身体自然会疲倦受累，此时，在全身发热之时，如果将手放到腹下，我们会发觉腹部很冷，特别是生殖器官，它会冷缩到难以想象的小。生殖器官是身体内脏的外延，腹部与生殖器官冷缩，那是身体内脏在冷缩，因本来维护五脏的能量，被大量外发外散而冷缩，故而身体会疲倦不适。

所有较强烈的体育运动与劳作，都会产生这种现象，致使体能过度耗离五脏，外发外散于肌肤骨骼。可见，一般性会使腹部与生殖器官受冷收缩的运动，都不会是能使身体健康的运动。

呼 吸

　　身体的状态就是她呼吸的状态，体内所有骨肉细胞与经络神经的状态，也都是呼吸的状态，我们所有与呼吸不相应、不协调的动作、思维、声韵，都会相应地给体内的生命运作造成干扰，以致祸害。当然，正常的体育运动也不例外，如果运动的过程与结果是不断地破坏着我们呼吸所固有的状态，那么，同时，也是不断地破坏着我们所有骨肉细胞、以及神经等所有系统的状态，这样身体的内脏功能需要呼吸平伏，回到它正常的状态以后，才能正常运行。可见，所有会引致呼吸正常频率变化的行为举动……如：运动量欠温和的体育运动、大饮大食的餐饮活动、较大的喜笑怒喊与悲泣哀怨的情绪活动……都在不同程度上，或多或少地给我们五脏六腑所需要的正常呼吸，带来困扰。宇宙之间，能量是守恒的，所有生命物质都在变化运动中起伏生逝。显然，"生命都在运动"，只是，我们的生命并不在于我们人为意志的运动。

洗 头

头发里富有体内分泌的头油,是人体自给,用以护理头发与头皮的,那是最无上的健康护理。常常洗头的人会过多地不断地用主观不健康的手段,清去了护头油,使大脑因长期欠缺头油的滋润护理。因着各人身体的状况,生发出种种病症。而推究他因,实为过多洗头之过。值得注意的是"饱不洗头",人饱餐后,头顶会发热,那是餐后,能量在体内升腾,从头顶上游而出,洗头的水湿,特别是冷水,会在一定程度上湿封了这热能外游的门道,使这热能遇冷变相,或被闭塞改道,而会因人造出种种头痛症。此实为长期饱餐后,洗头之过。

黑寒论

阳光走了，剩下黑暗，无黑源可寻。
熱量走了，剩下寒冷，无寒源可覓。
我們所处空间的根本，以黑寒据存。

时 间

几年前，常有听说末世的事，电台、报章亦趁此大做文章，预言末世之年随有天灾人祸，甚至地球灭亡，以致人心惶惶。

只是到1999年的今天，传媒领域即是风平浪静，末世灾年之事只字不见其中。

当今盛行的阳历，将耶稣死前的纪龄称为公元前，耶稣死后的纪龄定为公元（后），因此而有公元1999年这一年。要是当初西方的教会，将公元前与后的分界点定在耶稣死后五百年，又或者将一个世纪的概念，从一千年改为一千五百年，那么公元1999年，当不是末世之年。

中国古代的皇帝，每登帝位，都更年改号，本是末世之年的，可能会被改为新世之始。

由此观之，年月的编制与日期的排列都只是人为的观念。

末世兆凶年恶之事，皆出于此"末"一字，人为划分的世纪之末的"末"字，与世界之末的"末世"混为一谈，实为杞人忧天！

年、月、日以及世纪等，是为方便生活而编制，它们都只是一些概念性的符号，在客观真实中，并不存在。

我们在那些概念性的符号里长大，客观真实常常被忽视，虚无的符号自然而然地住进我们大脑思维中心，以假乱真，理所当然地成了我们生活的真实。

太阳每天是同样的升降，日子每天如是，恒古如一，公元2000年真真切切，只是一个帮助记忆的符号，代表耶稣死了，2000年。

有这个公元2000年的概念，日子是这样的来，是这样的去。没有这个公元2000年的符号，日子是同样地来，同样地去。年月的好恶与那些概念性的符号的编制并无关系。

计算末世运程的人，由于只见到一千个符号中最后的几个，忘了符号的本质，而想入非非。

事实上，天地之间，无年、无月、无日、无时、无刻。日子都只是一个黑白天到另一个黑白天，伴随着一个潮起一个潮落。这犹如人的呼吸，无断无间，无休无止，无踪无迹，无形无象。

年、月、日、号是在年月未到之前人为所编，这就像为未出世前的婴儿安上名字一样，都为方便记忆、生活。这些年、月的编排就是名副其实，人世间真真切切，彻彻底底地生安白造。

可惜的是，我们学会了年、月、时、刻，遗忘了一个个黑白天；掌握了年岁的记忆方法，忘记了自己的真正年龄；知道了自己被安的名字，掉失了自己的真名实姓。

被编制的日历，不是一个个黑白天的本身，按年月编造的年龄，不是真实的年龄；被安的名字当然亦不是真名字。

问苍茫大地，哪是年月日的踪影？不都只是一个个黑白天吗？

时间就是时间，它不是人为编造的，人为时刻的编制自然体现不了它的行藏。然而，除了光、风、水、火、黑暗、寒冷、空间等之外，几乎所有东西都以其自身的变化，映托时间的行踪。

小到大，新到旧，年少到年老等是时间行藏的表现，说明时间流逝的存在。

年月的编制与日期的排列，使我们觉得日子在不断向前推移。只是时间，一去不复返，它行藏于虚无之中，即以存在出现。它从虚无现身的刹那，则消失到永恒的虚无中去。存在的那一瞬间就是它逝去的那一瞬间，它的存在与逝去同在。

"存在"是现在的这一刹那，除此之外别无"存在"。"时间"是现在的这一刹那，除此之外，别无"时间"。

刚才的那一刹那，永远消失，没有到这一刹那，还不算是"时间"，只有现在这一刹那的存在，是"时间"。

可见，时间是一种存在。

生命体的成长是从小到大，从年轻到年老，永远不会有从年老到年轻。事物的变化是从新到旧，从来不会有从旧到新。从此，我们感觉到时间在以其特定的形式推移。

物体的移动必须是从一个点到另一个点的移动。

时间的存在是"一触则逝"，找不了，摸不着，没有过去的踪影，没有将来的兆象，那么我们如何确定时间移动的两个定点？

我们甚至无法找到时间此一刹那，留下的任何一点，又怎可能定出两个点？

假如时间的存在与逝去同在，那么，一定无处可推，亦无处可移。每一推一移，他们的踪迹都是同样地落入永恒的虚无中。

物体从一点到另一点的移动，最多也只说明了物体从这一点的存在，进入到另一点的存在。我们感觉的所谓时间的移动，最后也只能归还到感觉里去。感觉只是感觉，它并不等于真实。

暖流经过留有花香，时间经过留有变化。这些变化反过来，体现着时间的移动。

对我们人类而言，生命体与事物的变化，明显地体现着时间经流的迹象。有趣的是，这所有的变化都只出现在有形体之中，无形的光、风、火、黑暗、寒冷、空间等，则无任何时间经流的迹象可寻。

就我们人类的智慧而言，要从一些无形体中找寻时间经流所遗的变化，就像在虚无中搜索影子一样。

时间的经流在它们之中，可能留有痕迹，但是我们的智慧根本触及不了它们，它们是这样的熟悉、亲近，我们活在其中即只能感觉到它们的陌生与不可知。

我们怎么可能会从"不可知"中找寻到"可知"？

地球上的生命体都是存在于无形的光、风、水、火、黑暗、寒冷、空间等之内，它们都是生于其中，再消失于其中，来时空空，去也空空。

孕儿来于虚无，然后从婴儿，再到其年少、年青、年壮、年

老，最后归于虚无。生命体就是"来去"于虚无之中，如果要找出生命的出处，归根到底，当然还是要到虚无里去。

看来，事物都是从"无"到"有"，再到"无"。奇怪的是时间好像是"无"中不现，只在"有"中现。

生命体的形态千变万化，寿命多不出百载，然而无形的光、风、水、火，即恒古如一。几千年前的生命体享有着与今天生命体所能享用的，同样的光、风、水、火。几千年来，生命体不知经历了多少的生生死死，沧海桑田，只是光、风、水、火不见得有任何变化，它们是如此的永恒，如此的无限……

古人有云："无中生有"，那是指"有形的事物都是从虚无的无形中生出"，万物如是。可是，为什么时间只体现于形体之内外，而不见于无形体之内？

只有现在存在的这一刹那是时间，也只有现在这一刹那时间是存在。可见，时间、存在、现在，三者同在。

对我们人类而言，无形体是恒古如一，它是"现在"同时"永在"，时间在它那里自然亦是"现在"，"永在"。

有形体，朝夕不一，变化万千，它具有"现在"，但不是"永在"，时间在它那里自然亦是"现在"，"永在"。也就是说，具有"现在"的事物与它的形体会随同时间一起消逝。

事物移动本身就是这种消逝，它总是以其自身的不断消逝来体现移动。

存在就如同一个空间，空间内的事物变化无穷，只是变化的总是事物，空间永远是同样的空间。

时间与存在一样，如果它的存在充满着这个天地，它一定也充满着天地间所有的"有形""无形"，无论"有形"与"无形"之间的转化，变化到什么程度，总跑不出这个空间，所有的变化都发生在这时间之内。

当我们想起水或空间的时候，不会有想起时间时的感觉，水与空间是如此之不变，而时间时如此的"变"——日子总是一天天地向前推移着……

在我们的意识之中，时间是在日子里的，故有一天24个小时的事。但是，如果将日子放在时间里，恐怕就不会有24个小时，甚至分秒的事。

时间就似一大海，鱼虾活在水中，有不断的生生死死，只是大海，总是这一大海。

我们活在时间这一大海里，有不断的生生死死，只是时间，总是时间。大自然里黑白的变化，亦只不过是时间这大海中，鱼虾的生生死死而矣，大海终归只是大海。

由此观之，时间就是时间，它不是年月、时刻，不是分秒。有时，有刻，有年，有月，那就一定有过去"时"与将来"时"，而实际上，过去的真实是不存在，它只属于记忆，将来也只是一种幻想。我们可找到的，永远都只是现在。

所谓时间的经流，实际上是我们这些有限生命的幻觉，幻觉破灭，犹如人之死亡，时间便无踪迹，剩下的也只有存在。

存在的不正是现在，现在的不正是时间吗？

——它是今在、永在……

重　量

重量是地心吸力的结果，失去地心吸力的作用，任何物件都可以漂浮空中，它们的重量自然难以知晓。诚然，可以飘动的物件，也没有什么重量可言。

用手提起几公斤重的东西行走，很快就会使人感到它的沉重。在平常状态下，我们对几十公斤重的身躯不会有重量的感觉，只有我们疲倦的时候，身体才变的沉重起来。好像也只有这个时候，地心吸力才明显地作用于我们身上。

地心吸力作用于不同的物件，它的吸力无时间先后的分别。重量对他不存在的人，他应该是个死人，这更没有什么重量可说。

地心吸力对我们身体的作用，既然无先后之别，可是为何感觉这天平磅重的结果，却有先后无重与沉重之别？

身体之大，怎么可能是无重的？无重的出现也只有一个前提，它一定是被什么反地心吸力的力，向上托起，以致无重。

将一物件抛向空中，它会跑回地面，这是地心吸力的结果，附在地表上的所有山山水水都是这个吸力的结果。

这样看来，树木应该是向地里长的；我们的头应该是长在地里的。事实上，存在着的生命体、动物植物都是向上，长在空中水里。只有当他们衰老死去后，身体才被地心吸力拉回到地里。

小树苗从拔芽那刹那间起，就受地心吸力的牵引，可是它依然可以带上甚至几吨重的身躯，向上长成参天大树。

可见，生命体内的那个向上生长力，一定比地心吸力巨大，否则它不可能突破地心吸力的势力范围而向上生长。

显然，生命体至少受制于两种力，向上生力与向下吸力。

当向上生力大于向下吸力时，生命体就会体觉到一种无重的力态。这对于人而言，我们就会感觉到身体无重，这就是我们的平常状态。

当向上生力少于向下吸力时，生命体就会体觉到一种重态。于人而言，我们就会感觉到身体的衰老与它的沉重。这是地心吸力全胜的时候，此时，它在生命体中即将使自己表露无疑。

这便是牛顿看到苹果从树上被拉下到地面的那一刹那，此时，那个吸力比将苹果挂在树上的生力还要巨大，致使牛顿从中醒悟到这个吸力的存在。

牛顿因此发现万有引力，可惜，他再没有发现将苹果挂在树上的力。

动　静

看着汽车穿梭于树木之中……

此时此刻，我们是清楚知道汽车的移动与树木的不动。

我们从"不动"而知"动"，从"不动"的树木而知汽车的"动"。然而，在绝大多数的情况下，我们并不需要任何物体参照而知"静止"。

山、石、树、路、草原、大地、房屋等等，它们对于我们来说都是静止不动的。只是我们走在路上，住在屋内，并不需要任何"动"的物体做参照，而知道天地与屋的静止。我们清楚知道大地与屋的静止，就如清楚地知道自己的存在一样。

如果说，动静是相对的，那么我们与存在着的这一片大地的宁静一定是相对的。这就是说，我们是"动"的，否则，不可能会知道"静"。然而，实际上我们常常都是在没有移动的"静态"中，知道大地与房屋的静止。

看来，这是"静中知静"，可又何来"动静"相对之说？

将一旋转的小球放在手掌上，闭上眼睛，感知会告诉我们，小球正在"动"。

将这一小球轻放在手掌上，闭上眼睛，感知同样会告诉我们，小球是静止不动的。

感知小球"动"与"静"，不是任何参照物帮助下的结果，这完全是感知的。

人的眼睛就如同一面镜子。不同的是,事物的影像出现在眼睛内的同时,眼睛又将影像从它的来路影射回原物处。

因此,我们所见到的影像是在我们的面前。不像镜子,它所得到的影像是在它里面。眼睛所见到的影像,则是事物的影像与其真体本身。

事物的影像出现在我们的视野的感观范围之内,影像跳动着的,对于我们来说,它就是动的,影像是静止不动的,那它就是静止不动的。

视觉所能感知的动与静,与手掌所能感知的动与静都是一致的。

可见就感知而言,动与静不是相对的。动就是动,静就是静。它们都是对我们看者而言的,我们本身有感知真实的功能,以判断动与静。"动与静"是我们看者本身靠着眼睛而来的感觉,它是由我们自己感知的,我们都是从自己那里去感知判断动与静的。

黑寒空

阳光走了，剩下黑暗，无黑源可寻。阳光之下，长杆之影，非为影，实为黑暗之本相，阳光照耀不到长杆之后，黑暗便自然露出它的黑相。黑暗之中，立杆是黑，不立杆亦是黑，大地球的本来黑相如是。

四季之移，受光得热之变，热量走了，剩下寒冷，无寒源可觅……大地球因黑，遇太阳之光而可明；大地球因寒，遇阳光之热而可暖。宇宙空间，因黑而能耀光，因寒而能生热。黑夜白天之变，四季寒暑之移，实乃光热于黑寒空间之变，空间可无光热，但绝无黑寒欠满的空间，黑寒空总是不断地、不留余地地，随着光热流量的增减——回复归原。可见，黑寒空不只是真空的根本，更是宇宙的本相，我们所处的空间，以黑寒空据存。

黑寒只是黑寒，它不增不减。白天黑夜，寒暑季节的变化，都只是太阳光热流量增减的变化。**热胀冷缩的现象，是热量在黑寒空间增减的现象，物体的胀缩，实际上是热增胀、热减缩。没有热量，便无胀无缩。**

我们人类活在大气层，充满空气这个空间，就只认为这才叫空间。殊不知鱼活在充满水的那个，小虫活在充满泥土的那个，都是空间。不同的只是其中所充满的内涵——人住的是充满空气的；鱼住的是充满水的；小虫住的是充满泥土的。

时间随热变而生，故而有地表万物，白天黑夜，四季寒暑的变化推移，而进化衰变。

光是能量物质，黑在光才显，寒在热方生，光是因黑而显，热是依寒而生。光热生现之时，实际上是黑光相依，寒热相生，黑寒与光热同在之际。

黑寒者阴，光热者阳……万物负阴而抱阳。

然而，我们所说所处的所谓三维空间，实际上，仅仅是我们人类智慧力量，所能触及觉知的空间，这个空间，不因我们的智慧觉知而存在，即因我们智慧所赋予的触觉的所知量所局限。

工巧论

观脚点——角度

观看一个建筑物大概有两种效果，远距离与近距离的效果。远观形，近看质。

首先是要远距离的形美，再近触质感，形状不好，质感再好也没有意义。反之亦然。视觉效果，那是要形质相好。建筑装饰，讲求的就是视觉效果的那种形质相好。脱离视觉效果，没有装饰可言。

所有的建筑的正、侧、背各面，都是坐向分明的。正面为主，背侧为次。无伦远近，观脚点都必须先取正向。正向那是建筑设计师在设计时，有意地为视觉取向所立的一个中心。只有以那个取向中心为立脚点，观看建筑的形神，才比较中肯。那就好似判断一个人的长相气质一样。必须从他的正面看起，再看侧背，所以我们总是以正面视人见人，而不会以侧背视人。所以取向中肯的观脚点，非常重要，脱离这个观脚点的建筑视觉效果，可有很大的差别。

远形之好，常常是观脚点，所起的视觉效果。观脚点，取正了，建筑的视觉效果才中肯到位。

眼 位

　　门分内外，外看形，内见质；门开眼入，眼向为主，脚位为正。门开入步的第一眼向，则眼睛那一刹那间的所见，就是对一个家庭主人形象的第一印象，然后才是脚步流动取向站立的中心。就室内而言，第一眼向与脚流立脚中心定位的中肯到位，是视觉效果的中肯到位，所有室内装饰与摆设，都不能离开这两个眼位。

空　间

蚂蚁的建筑物是对蚂蚁而用而作的，黄蜂的建筑物是对黄蜂而用而作的。人类的建筑物当然是对人类而用而作的。蚂蚁因着它的身体视觉感观，它的建筑所需要的空间，当然是对它的身体视觉与感观而言的。我们人类的家居建筑所需的空间，当然是因着我们人类身体视觉与感观而定的，以舒适温暖为度。

那个舒适温暖，也就是视觉感观的效果，就空间而言，视觉感观比较喜欢三比一，俗称黄金分割。离开视觉感观舒适温暖所要求的空间比例，所作的装饰摆设，都会可能是不中肯的，因为它失去了舒适与温暖。

投　影

建筑的坐向，门窗的高低走向，在一定程度上，直接影响着屋内外白天明暗投影的结构与布局。原本阴影较多的位置，填上过多的摆设，就会增加该位的重量，引起力感的不平衡。

环　境

铁艺装饰，第一讲究的是构图，构图不能离开背景与环境。对于建筑而言，铁艺装饰在一定程度上，只算是配件。配件必须有个主体面，那主体面就是主体环境与布局。大致上，装饰是要融入主体环境与布局流中去，所以不能脱离主体环境的结构与布局流去谈论装饰。没有好环境或布局流向，包括明暗层处的影托，再好的装饰都不起作用，这就好比花美要用绿叶来扶持一样。

能在一个大环境中找到一个聚眼点，将装饰恰到其位地摆设上，这就如密绿丛中一点红。此正所谓画龙点睛，这往往就是铁艺装饰可做到的，它在环境中常常扮演着主角的作用，那是因为它在聚眼点上。

平　衡

视觉感观喜爱平衡——大小、高矮、轻重、多少、远近、明暗、疏密、冷暖、贵贱、色泽深浅、对称……这所有东西的平衡，都是对视觉感观而定的，不能脱离平衡的概念去装饰摆设。

构　图

装饰摆设需要具体的空间位置，那必须是主体环境与布局流中的空间位置。空间位置有了，那就要看背景，再找立脚点，定角度，背景是对观脚点而言的。

一般而言，铁艺装饰，就是用铁线画图，那图需要影在背景上，或与背景一起构造出美丽的图案。背景可以是一面干净整齐的墙身，可以是很多立柱，可以是花草与水面，可以是很多很多东西。但无论如何，装饰摆设的结果，一定要有好的视觉感观效果，画要似画，物要似物，形要似形，不能不伦不类，然而构图的精美到位，那一定是工地审理的结果。

脚性、眼好

意欲之所求，是通过注意力的贯注，身体的扭动，双脚的移动以及眼、耳、口鼻的触觉来实现的。意欲有它的所求，只是身体的行为举止，有它的所属；双脚的移动有它的所好；眼睛视觉有它的喜好；耳朵的听觉，有它的爱好；鼻子的嗅觉，有它的嗜好；口中的味觉，有它的爱好。这各种因素与意欲一样，无时不在寻求舒适。意欲是要得到满足，它才会舒适。双脚与眼、耳、口鼻，它们却是要得到舒适，才会满足。意欲要得以成就，必须经由它们当中的各个环节，意欲的实现，往往就是它们当中各个环节，得到舒适后的结果。

意欲，身体行为的旨令。身体因之而要行动，行动的前提条件，必须是身体舒适。身体欠佳，任凭是意欲满天，也会是力不从心。身体有状态，那还要看双脚的脾性，双脚行走，它的摆动是喜直不喜弯，喜圆不喜角，喜缓不喜急，喜平不喜陡，喜前不喜后，喜干不喜湿。右手右脚的惯用者，力在右身，喜右行，不喜左行。街道两边行人道的设计，弯位、角位的处理，商店门口的位置与走向，都要看双脚的脾性。双脚找不到它喜好的位置，那会是路不好走，门不好入。不知章理，生意欠佳，而推究于人员管理、销售策略，此为现代商家的盲点所在。

脚性不懂，选址定位不当，无论多好的人员管理与销售策略，都往往是无济于事。选址定位恰到好处，往往是脚流如水，脚势如风，客似云来。人员管理与销售策略，只是锦上添花。

欲动身移，眼光虽内含意欲，随脚步流转，然而，留住脚步者却常常是眼光之所好。眼睛是睡时喜暗，醒时喜明，静时喜动，动时喜静；喜顺视，不喜侧视，更不喜倒视；顺视不喜碍眼，喜下视不喜仰视；喜视线内之物，不喜视线模糊之物；喜一眼可断之物，不喜多眼可断之物；喜温和不喜刚烈，喜理序不喜忙乱；喜暖不喜冷，喜洁不喜脏，喜圆不喜角；视线内要清晰，视野内要宽阔。

市集之内，脚有所好，眼有所取，眼光随脚步而流，脚为眼光所住。商店的选址定位，常常是脚之所求。商店的装饰摆设，则多是眼光之所好，脚到了是要用眼睛来看。 装饰摆设……灯光明暗的设置、颜色的配搭、空间通道宽窄的处理，货品上下层次的排列，综合结构的势态，品味所营造的气氛与气度等，都要讨好眼睛。那一定要招惹眼光，令人注目，又要令眼睛舒适，同时又要使货品随着脚步的流转，不失视焦的清晰可鉴。

街道有两边、中间与前后。街道的位置与坐向，与建筑物的高低错落，使光的投放分布，在街道上出现阴阳两面，又或是光暗相错的阴阳面。风随着节气经流其中，再加上街道宽窄迂迴的空间处理，容易使街道在这各种因素的作用下，出现其令人感到方便，又舒适自在的一面或地段。行走在街上的行人，便自然地向这舒适之处移动。令人感到舒适自在而又方便之处，常常就是聚人之处。街道与店宇的设计，讲究的就是这种效果。

这也可能是某些街道两面商店生意截然不同的原因所在。

此中的方便,是脚头的方便,舒适自在却是眼光的取向。眼光随脚步流转,那是凭借触觉,在定断脚步的走位。行走的大方向,可以是不变,只是这些行人脚步走位的侧重与否,却往往决定着商店门前的人流量。很多商家店主,没有经营理念,更不懂管理营销的技巧,只是生意还是做得热火朝天。那是选址定位,恰到其位的结果。可见如果商店选址定位的功夫没有做好,商店的生意在其未开张之前,往往已成定局。

要是对人的脚性、眼性稍有见地,行走于街中,便会知道哪些商店的生意可为,哪些不可为,哪些装饰设计是有用的,哪些装饰设计是浪费时间钱财的。盲目投资,而又自以为是,一年起,二年止的生意人,也实在太多。

水清无鱼,店清无客。清水之中,鱼不见其中有利可图,故而不至。商店之内,清静无人,行人见不到有人可从中取利,便以为无利可取,故行而不至。行走于商场之中,那是脚在移,身在动,眼光在流转。直路行走之时,眼光总是习惯地投放在前面,近在咫尺的东西,往往容易忽视,商场入口两边的商店,往往就这样,在行人不经意之间不为所见。商店与商场的设计最忌者,莫非死胡同式的通道,行人视之,远而回转。

台面上,一个圆币,二个圆币,甚至是五个圆币,都可被眼睛在"一眼"间判定。六个以上的圆币,无序乱放,眼睛往往无法"一眼"判定,很少人有"一眼知十圆币"的能力。商店的广告、装饰、设置必须迎合眼睛视物的这一特点。方便眼光定点到位。

公路上的汽车，川流不息，站在高处，我们不会特别注意到那一辆车，然而，只要当中的哪一辆车不动，那么，眼光就会注意到它。眼睛就是这样，它是动中喜静，静中喜动，光中喜暗，暗中喜光。知道这个道理在街道上，为自己的商店买卖，树立亮点，招惹目光，也就易如反掌。显然，经商买卖之道，有时，不过乎眼光的习性爱好，只知质量管理，而不知眼之所好的经营管理，往往也会是不知所谓。

设 计

有钱了，于是就想建一座自己梦想的房子，只是除了口袋里有钱，房子，仅是大脑里面那些零碎散乱的图案，离细节与具体，十万八千里……

建筑那可真是天马行空的事，只要功能性与实用性得以满足，你想怎样建，就怎样建。建材装饰产品种类繁多，但无论如何，它们只要有两种功能，其一是建材，其二是装饰。建材满足的是功能与实用性，装饰满足的是视觉效果，在满足功能与实用性的同时，又能达到视觉效果，这种材料应用得到位，也正是任何东主，想见到的结果。

功能性与实用性是建筑师与工程师的事，实用可靠就行。同一座房子，其内外装饰的变化，那是设计师思维的变化，思维允许的变化多大，装饰的变化就有多大。任何装饰材料都具备质感、色泽、线条与图案，没有图案也是图案。

高端的豪宅建筑之所以有高雅尊贵的气质，第一讲究的是上好材料的质感，质感没有到位，无论如何好的配色造案，都于事无补。色泽是眼睛之所好，环境气氛的造就者，这里没有尊贵高下，但却因人充满着无尽的各种各样的感受，颜色专家一般都是对色泽充满感觉的人。

远看形，近看质，脚到了，那是要用眼睛来看，看那空间，看那因材因色，因图因线，与视觉感官和合的外在环境……眼睛所面对的，视觉感官效果所能被赋予的，是空间之内，质感、色泽、线条、图案、光线、角度与空间一起所构成的空间，这个空间所能给眼睛的感觉，也正是设计师通过各种因素，对这个空间所赋予的，与其说设计师设计了什么，不如说设计师对这个空间赋予了什么，用灵魂通过思维，对空间注入了什么。

人与各类动物一样，都喜欢安全舒适而又温暖的地方，家居建筑装饰所要的就是这种结果……安全舒适与温暖是装饰设计的根本所在，脱离这个人性需求的任何装饰，都会是不适当的。这样，导向来了，所有的装饰设计，所有的质感、色泽、线条、图案、比例、平衡、匀称、光线与角度。当然，还有空间，就会有个度与量在有意无意之中，因着安全舒适与温暖，默默地被操纵着……思维在默默地被指引，在空间运行着……

于是一个安全舒适与温暖的空间被思维装饰造就了，只是人住的，无论如何也只是充满着人文气味。人者，去野则彬，彬者文之所化。**思想文化意识的内容是生理心理与周围环境碰撞，相互作用，靠着天赋智慧的变通揉合的结果，它不能没有周围环境而独立存在。因此，绝大多数人的思想都要跟随与依附周围群体的共识，脱离这个群体共识，人们找不到自我尊严和存在价值的依托。**

建筑装饰当然也不能脱离周围群体的共识，只是这个共识因着社会的上中下阶层而有对线条、图案，甚至颜色有着不同认识见解与要求。

社会是由人组成的，此中的上中下阶层，大概是指人文文化思想意识层面的高低，它以物质财富与身份地位示现，此中思想意识层面高的，大概就是社会的上层，也就是社会的高端。这三个阶层的人，因为**物质与精神丰盛的程度的不同，而引生有对物质的品质与品味的要求的不同，心思意念久之则成现对物取物的习惯，再用习惯了的态度与眼光去判断取舍物件的质感、色泽、线条与图案**，这对建筑装饰而言，高端豪华大宅，除了用的质感与颜色，更多的是体现在线条与图案上。物件只是物件，线条图案也只是线条图案，它们本身并没有尊卑高下，对错好坏之分，只是当意识思维成现所谓高端品质所要的线条与图案，高档次的装饰设计，自然就要求有这些能让人们觉得能显示高端大气的线条与图案。这些能显示高雅尊贵，大方得体的线条与图案，实际上，它们就是社会高层对建筑装饰的审美文化。当然，这种装饰设计也必须要具备这种高端品质文化思维的人去完成。就高级豪院大宅的铁艺大门与楼梯扶手而言，这最后一道主装饰，最重要的门面功夫，也绝非高端铁艺的设计师的设计不可。

　　万物都是野生野长的，至于，不野的，那就是人类毁坏野所造用的，这大概就叫文明。无人的村落城池，没有文明的主宰，慢慢便会野生野长，回复归源。这样看来，人类文明所依托的文化思想与传统习惯，它们的高处，并不可以是天人合一。自然，建筑设计的高处也并不会是自然，如果是自然，我们无须装饰，无须设计，住在山上林中就可以。但是，不行啊！人为造就的所有，包括自身的能力，都是被赋予的，我们人类除了被赋予的，基本上是一无所有。既然，自然是在我们人类文明的前面，那么，我们文明学问的高度，建筑装饰设计的高度，也一定在自然那里。装饰设计的根本，离不开天赋人性的所求，我们装饰设计的根本与力量所在，也一定离不开自然。至于，能否与自然和合而一，那就要另当别论，只是无论如何，我们都必须先将"自然"这个神牌，摆上，敬拜，再拜！

可见，谈论建筑装饰设计，一定要将自然摆上，将空间、光明、晴暗、干湿、冷暖、动静、风气等等摆上，加上安全舒适与温暖的人性需求，再调入文明学问里的那些由于虚荣所引生尊卑的那些线条与图案……所谓人文理性，这样建筑装饰设计的思想理念——自然性、人性与人文理性就都在建筑之中，站立起来！

整体规划与布局的结果，以设计示现，心怀大气者的思维会有大气和美意境的设计，心量欠阔者的设计，则会处处显出窄小与欠和缺畅。设计之所造是艺术意识与灵感之所赋，它的高度在生命哲学。

楼 梯

　　眼睛喜欢顺视，视看景物时眼睛之所向叫眼向。景物的摆向需要对着眼光之所向，否则就没有选景的必要。楼梯起头的位置与走向是对眼向而言的，这就好像我们说话的时候，要面对面，并不是背对着面。这样看来，主题花的设计与摆位，亦是对眼向来说的。眼睛所向着的常位，应该就是主题花的正面之位。人站立的时候，眼睛到楼梯起头的空间，亦是对眼向来说的，如果这个空间不在眼向之内，那就没有造景的必要，做些配托的装饰就行。可见，装饰设计是对眼向空间的设计布置，当然，那必须要找到眼向着的位置与空间。眼之能向，那是脚立有点的结果，立脚点找到了，走位定了，眼向与眼向着的空间才会出现，这样，设计布置才会中肯到位。

　　楼梯的选址定位，宽窄高矮，是脚性脚流之所求，脚到了，那是要用眼睛来看。脚有所好，眼有所取，眼光随脚步而流，脚为眼光所止。脚流喜顺，楼梯的位置与走向，要看双脚的脾性，双脚找不到舒适喜好的位置与流向，那会儿是门不好入，楼梯不好走。顺脚顺眼，家顺事顺，楼梯的设立思维，"顺"字行先。

　　脚头行方便，眼光向舒适；楼梯运脚流，装饰问眼光。装饰摆设，那是眼光之所好。眼睛要顺眼，目光喜顺视，眼向的舒适，那是视焦内的舒适——视焦内的空间所赋予眼睛视觉上的舒适。视觉空间内的装饰摆设……灯光明暗的设置、颜色的搭配、通道宽窄的处理、上下高低层次的排列、综合结构引生的势态、思想品味所营造的气氛与气度，等等，都要讨好眼睛，家居的装饰摆设，除了要应合脚性脚流之所求，更多的是要满足眼睛视觉取向的舒适。

推门入屋的第一眼见，就是主人给别人的所见，主人的气质品味、身份地位、学识修养，都尽在这第一眼见之中，而门开眼入的聚焦点，室内大厅景观的中心点，就是楼梯，特别是楼梯的起头，那是重中之重！

楼梯起头要当眼起分量，特定位置与空间的构图设计与摆向，固然重要，然而，常常起决定性作用的，还是楼梯第一坐级的设计与摆放。从上而下，大小一致的梯级，需要坐落在较为宽大，形美，底坐般的台级上。这样，楼梯高起一级，起头离地高起于台级上，不仅眼睛喜爱，而且，这会为家居增添不少气度。气度高起，楼梯起头设计摆放的结果才会美观大气，家居才会美丽大方……

建筑装饰产品的图案、线条与走向，以及其中所涉及的细节，要求富有高端品质思维的人士，去营造豪宅大院所需求的高端品味。如果，再能用上高水准的铁艺产品，那么，丰实的铁满，会牵动体现并保持着豪宅家居主人，百年恒丰的光彩与荣耀……

大 门

门庭之立,势气之建,那是豪门大宅的第一道风景。外景之立,门面则生,门面招眼惹人,野来无尽缘由究竟。喜欢的眼光带有吉祥瑞气,怒倦的眼神充满着无休止的恶事。这样看来,门庭之建要能在正气充盈之际,满带温和浩气,要能讨别人目光喜悦,而又要让人不生厌意。入户大门是门面,是家宅主人的面子，世俗眼光下的大门，自然要显耀家宅主人的尊严、财富、地位与学养，只是无论如何，在这所有的荣誉后面，必须要显露出一种正气，这是所有人都奉承的。心正、家正、业正，气正场正，家族运正。可见，大门之建，一定是"正"气行先。俗世之内，门面之立，那是开始让别人产生门户之见的第一外相，其实，那是家宅人生的一道风水之立。

造门必先能品门，品门必先能品整体建筑与家宅主人之神相。凡观门庭，先论神气。门庭之立，神势之建。

人居住的都要让人感觉亲近，门庭要让人喜爱，不可有冷相对人，更不宜显粗野狂傲。温文沉实，雅健留喜，满带温和浩气，正气临庭，则喜盛之事入门，此所谓瑞门吉相。

大门之建是要先充分了解屋宅主人的精神意志，整体建筑的架势神气……周围内外花园的布局与风格，地理环境的起伏状况，前后建筑的空间比例……细心揣摩，巧思立门。这样，设计就会有意境品味，有画意，带意造景，门道自生，神势自现。否则，下笔，则失神无主。

但无论如何，整体建筑的神气所在，不能离开建筑用料的质感，质感存真，色感呈伪，门得真趣，质感居首。

欧式铁门，质感强大，阳刚阴柔并行。**华丽之门难简，雅淡之门难重；简以救俗，重在补淡；笔简意浓，画少气壮；艳而不俗，淡而有味，大铁门之建，静中寓动，门健自神。**

宅园贵清新，讲究那能从严整中带上贵气，视而有物，而又

不失明静……大门清雅，得阴柔之妙；门顽，得阳刚之健，浑朴之铁，其态，虽静犹动

　　建筑外形显较强的欧式建筑风格，房顶的设计造型凸显，不宜过多地插入与之不匹配的形体设计，在门顶放入与屋顶造型相近的形状，使整体建筑的外观尽量向一体靠近……为形神丰实……能健。整体建筑感觉沉稳，可特意在门庭左右上角引入能让人感觉上腾的梢枝，轻扰一下那建筑的沉默，为门庭带入一点上腾的喜息。

　　欧洲贵族传统的花园大门只是一个花园大门，中国新贵的豪宅用高墙围屋，其中是小花园，站在高墙外，面对的俱是入户大门又是花园大门，那是庭院的大门，设计思维应以入户大门为主笔，再以花园大门的花式配调……

　　笑脸都会受到喜爱，冷苦的相目常常是拒人千里，粗野狂傲的形容，远不如温文雅致的举止之使人受落，欠缺文化修养的人，不管是身居高位，还是富甲一方，往往会在粗野之中，隐现着一种狂傲，将屋宅建造得不可一世……设计师如果能在他屋宅的风格上稍稍注入些温文雅致的元素，导造一种文雅的气氛，久之，屋主亦会因长年触景而喜好优雅，又可化去周围各种不讨好或敌意的眼光。可见，门庭要露容受爱，不可有冷相对人，更不宜显示粗野狂傲，如能温文沉实，雅致留喜，满带温和浩气。正气临庭，则喜盛之事入门，此所谓瑞门吉相。

www.ingramcontent.com/pod-product-compliance
Lightning Source LLC
Chambersburg PA
CBHW081227080526
44587CB00022B/3847